p. 131

LES AVADÂNAS

CONTES ET APOLOGUES INDIENS

Tout exemplaire non revêtu de ma signature sera réputé contrefait.

Stanislas Julien

儒蓮

DE L'IMPRIMERIE DE CH. LAHURE ET Cⁱᵉ
rue de Fleurus, 9

LES AVADÂNAS

CONTES ET APOLOGUES INDIENS

INCONNUS JUSQU'A CE JOUR

SUIVIS

DE FABLES, DE POÉSIES ET DE NOUVELLES CHINOISES

TRADUITS

PAR M. STANISLAS JULIEN
MEMBRE DE L'INSTITUT
PROFESSEUR DE LANGUE ET DE LITTÉRATURE CHINOISE
ADMINISTRATEUR DU COLLÉGE DE FRANCE, ETC.

TOME PREMIER

PARIS
BENJAMIN DUPRAT
LIBRAIRE DE L'INSTITUT, DE LA BIBLIOTHÈQUE IMPÉRIALE, ETC.
7, RUE DU CLOITRE SAINT-BENOIT
M DCCC LIX

REPRODUCTION INTERDITE, TRADUCTION RÉSERVÉE

A

M. HORACE HAYMAN WILSON

PRÉSIDENT DE LA SOCIÉTÉ ASIATIQUE DE LONDRES
ASSOCIÉ DE L'INSTITUT IMPÉRIAL DE FRANCE
PROFESSEUR DE SANSCRIT
A L'UNIVERSITÉ D'OXFORD, ETC.

HOMMAGE
RESPECTUEUX DU TRADUCTEUR

AVERTISSEMENT

DU TRADUCTEUR.

J'ai trouvé, dans une Encyclopédie chinoise, les Contes et Apologues indiens que j'offre aujourd'hui au public. Cette découverte inattendue, amenée tout à coup par de savantes questions de mon honorable ami, M. Antoine Schiefner (membre de l'Académie des sciences de Saint-Pétersbourg), témoigne hautement des richesses de la littérature chinoise, trop négligée aujourd'hui.

Parmi les douze sections des livres bouddhiques, il en est une appelée *Pi-yu*, « Comparaisons ou Similitudes, » en sanscrit *Avadânas*. De plus, tous les morceaux qu'on va lire sont tirés, soit de Recueils indiens, qui portent précisément le même nom, soit d'ouvrages bouddhiques, composés en sanscrit, où ils figurent au même titre. C'est pour ce double motif, que je me suis cru autorisé à écrire le mot *Avadânas* en tête de ma traduction, quoiqu'elle ait été rédigée sur un texte chinois.

L'ouvrage où j'ai puisé ces fables, allégories et historiettes indiennes, est intitulé *Yu-lin*, ou *la Forêt des Comparaisons*.

Suivant le grand catalogue de la bibliothèque impériale de *Pé-king*[1], « il a été

---

[1]. *Sse - kou - thsiouen - chou - tsong - mo - ti - yao*, livre CXXXVI, fol. 6.

composé par *Youen-thaï* surnommé *Jou-hien*, qui obtint, en 1565, le grade de docteur, et parvint plus tard au rang de président du ministère de la justice. Il recueillit, dans les livres anciens, tous les passages et les morceaux qui renfermaient des *Comparaisons*, et en forma un Recueil en vingt-quatre volumes, qu'il divisa en vingt classes ; puis, il subdivisa ces vingt classes en cinq cent quatre-vingts sections, commençant chacune par un axiome de deux mots qui en indique le sujet. L'auteur n'acheva cet ouvrage qu'après vingt ans d'un travail assidu. Il lut et dépouilla environ quatre cents ouvrages. Il a eu constamment le soin de citer, à la fin de chaque extrait, le titre de l'ouvrage d'où il l'a tiré, et en a souvent indiqué le sujet et la section. »

Après ces détails empruntés au grand catalogue de l'empereur *Khien-long*, je dois ajouter qu'à la suite des livres purement chinois, la table des matières donne les titres de deux cents ouvrages traduits du sanscrit, ou rédigés, d'après des textes indiens, par des religieux bouddhistes.

Dans le nombre de ces deux cents ouvrages, il s'en trouve onze d'où sont tirées la plupart des fables, allégories et historiettes bouddhiques que nous avons traduites.

En voici les titres :

1. *Fo-choue-fan-mo-yu-king*, le livre des *Comparaisons* relatives aux brâhmanes et aux démons, expliqué par le *Bouddha*.

2. *Fo-choue-tsien-yu-king*, le livre des

Comparaisons tirées de la flèche, expliqué par le *Bouddha*.

3. *Fo-choue-kiun-nieou-pi-king*, le livre des *Comparaisons* tirées des bœufs, expliqué par le *Bouddha*.

4. *Fo-choue-pi-yu-king*, le livre des *Comparaisons*, expliqué par le *Bouddha*.

5. *Fo-choue-i-yu-king*, le livre des *Comparaisons* tirées de la médecine, expliqué par le *Bouddha*.

6. *Tsa-pi-yu-king*, le livre de mélanges de *Comparaisons*.

7. *Khieou-tsa-yu-pi-king*, l'ancien livre de mélanges de *Comparaisons*.

8. *Pe-yu-king*, le livre des cent *Comparaisons*.

9. *Tchong-king-siouen-tsi-pi-yu-king*,

le livre des *Comparaisons* rédigées d'après les livres sacrés.

10. *'O-yu-wang-pi-king*, le livre des *Comparaisons* du roi *Açôka*.

11. *Fa-kiu-pi-yu-king*, le livre des *Comparaisons* tirées des livres bouddhiques.

Ces onze ouvrages et les cent quatre-vingt-neuf autres, sont conservés dans la grande collection des livres bouddhiques, qui a été imprimée à Péking, en chinois, en mandchou, en mongol et en thibétain. Nos apologues sont d'autant plus précieux qu'il serait peut-être impossible de retrouver aujourd'hui, dans l'Inde, la plupart des originaux sanscrits sur lesquels ils ont été traduits.

L'éminent indianiste, M. Théodore Benfey, dont l'enseignement relevé et les savants travaux font le plus grand honneur à l'Université de Goettingue, publie actuellement une traduction allemande du Recueil de fables appelé le *Pantchatantra*, et se propose de donner ensuite une multitude de compositions du même genre, empruntées soit à des textes sanscrits inédits, soit aux récits légendaires des peuplades mongoles qui suivent encore la religion bouddhique [1].

Il y a quelques mois, j'ai eu l'honneur de communiquer à M. Th. Benfey une dizaine

---

1. Voici le titre du grand ouvrage de M. Benfey : *Pantschatantra* : Fünf Bücher indischer Fabeln, Maerchen und Erzaehlungen. Aus dem Sanskrit übersetzt, mit Ammerkungen und Einleitung von Theodor Benfey. *Erster Theil* : Einleitung über das indische Grundwerk und dessen Ausflüsse, so wie über die Quellen und Verbreitung des Inhalts derselben. — *Zweiter-Theil* : Uebersetzungen und Anmerkungen.

des fables que j'ai traduites. Ce savant orientaliste les a accueillies avec un intérêt extrême, et il avait l'intention de les incorporer (*einverleiben*) dans sa prochaine publication. J'aime à penser que le présent volume, qui précédera peut-être la seconde partie de son grand ouvrage, lui fournira l'occasion de faire des rapprochements littéraires d'une haute valeur, et probablement de remonter, par de profondes recherches, à l'origine même de la plupart des morceaux que j'ai traduits, lesquels, à l'exception de trois ou quatre, ne se trouvent point dans les recueils de contes et d'apologues indiens imprimés jusqu'à ce jour en diverses langues.

Malgré les prédictions flatteuses d'indianistes éminents et de littérateurs d'une grande autorité, que j'ai eu l'honneur de consulter, pour recueillir leurs opinions diverses et profiter de leurs conseils éclairés, j'ignore quel sera le sort de cette publication neuve et inattendue, qui fait revivre et remplace dans une certaine mesure, des originaux sanscrits, malheureusement perdus pour toujours. Si elle recevait un favorable accueil, je me sentirais encouragé à donner plus tard un second volume de *Contes* et d'*Apologues indiens* tirés d'une Encyclopédie purement bouddhique, intitulée *Fa-youen-tchou-lin* (La Forêt des perles du Jardin de la loi), et peut-être aussi, par la suite, un volume de *Fables chinoises*, dont personne jusqu'ici n'avait connu ni soupçonné l'existence dans la littérature du céleste empire.

On trouvera, à la fin de ce volume, plusieurs pièces d'un caractère original qui pourront donner, par avance, quelque idée du goût et du genre d'esprit qui règnent dans les fables purement chinoises[1]. J'y ai ajouté une légende pleine d'intérêt, des poésies et des nouvelles chinoises.

Ces traductions, qui sont pour moi un délassement des travaux difficiles et pénibles qui m'ont occupé depuis plusieurs années, ne retarderaient pas d'une manière sensible la continuation des *Voyages des Pèlerins bouddhistes*, dont le troisième volume, qui termine les Mémoires de *Hiouen-thsang* sur l'Inde, a paru le 20 novembre 1858.

STANISLAS JULIEN.

---

[1]. Ces fables sont tirées d'un Recueil in-18 en 4 volumes, intitulé *Siao-lin-kouang-ki* « La forêt des contes pour rire. »

TABLE DES MATIÈRES

DU PREMIER VOLUME.

		Pages.
	Préface	VII
I.	Le Roi et le grand tambour	3
II.	Le Laboureur qui a perdu son fils	8
III.	Le Brâhmane converti	15
IV.	Le Hibou et le Perroquet	27
V.	Les Corbeaux et les Hiboux	31
VI.	Le Religieux, la Colombe, le Corbeau, le Serpent venimeux et le Cerf	37
VII.	Le Perroquet devenu Roi	41
VIII.	Les Aveugles et l'Éléphant du Roi	47
IX.	Le Roi qui envoie acheter le malheur	51
X.	Le Roi et les Chevaux habitués à tourner la meule	56
XI.	Le Laboureur et le Trésor	60
XII.	Les quatre frères Brâhmanes et la Fatalité	64
XIII.	Le Laboureur et le Perroquet	68
XIV.	La Tortue et les deux Oies	71
XV.	Le *Bouddha* et le Dompteur d'éléphants	74
XVI.	Le Brâhmane et la Religieuse	78

XVII.	Le Kchattriya et ses deux Héritiers.	81
XVIII.	Le Sage et le Fou.............	83
XIX.	Le Chacal et la Cruche de bois...	88
XX.	L'Homme et les Serpents venimeux.	93
XXI.	Le Lion et le Sanglier..........	97
XXII.	Le Champ de riz et ses gardiens..	100
XXIII.	Le Chacal prudent............	102
XXIV.	Le Cotonnier et le Figuier de l'Inde.	105
XXV.	La Promesse vaine et le vain son.	108
XXVI.	Le Lion, le Tigre et le Chacal....	110
XXVII.	Le Roi et l'Éléphant...........	115
XXVIII.	Le Marchand ruiné dans un naufrage......................	118
XXIX.	Le Villageois et la Conque marine.	120
XXX.	Le Religieux et le Démon.......	122
XXXI.	Le Marchand et son bâton.......	127
XXXII.	Les Dangers et les misères de la vie.	131
XXXIII.	La Servante et le Bélier........	135
XXXIV.	Les Grains et les Épis..........	139
XXXV.	Le Religieux et la Tortue.......	141
XXXVI.	L'Homme et le Mortier mêlé de riz.	144
XXXVII.	Le Maître de maison et l'acheteur de Mangues..................	146
XXXVIII.	Le Campagnard et le Sel........	148
XXXIX.	Le Fou et les fils de coton......	150
XL.	La Tête et la Queue du serpent...	153

XLI.	Les Oiseaux et l'Oiseleur............	154
XLII.	Le Marchand et le Mirage........	158
XLIII.	L'Idiot et sa Femme..............	162
XLIV.	L'Homme blessé par une flèche empoisonnée.....................	165
XLV.	L'Homme et l'Arbre fruitier.......	168
XLVI.	Le Fou et l'Ombre de l'or........	171
XLVII.	Le Courtisan maladroit...........	184
XLVIII.	Le Vieillard pauvre et la Hache précieuse.......................	179
XLIX.	La Mère qui veut sacrifier son fils unique......................	180
L.	Le Chien et l'Os.................	182
LI.	Le Créancier et son Débiteur......	
LII.	Le Chef des marchands et le Serpent venimeux................	187
LIII.	L'Homme exposé à toutes sortes de dangers......................	190
LIV.	Les Singes et la Montagne d'écume.	155
LV.	Le Bouvier et ses deux cents bœufs.	197
LVI.	L'Enfant et la Tortue.............	199
LVII.	De ceux qui ne connaissent pas la vraie nature des choses........	201
LVIII.	Le Richi, victime de sa vue divine..	204
LIX.	L'Homme aveuglé par le désir de la vengeance...................	207

LX.	Le Fils du maître de maison qui fait le pilote....................	209
LXI.	Le Pauvre et les rognures de vils métaux.....................	212
LXII.	Le Brâhmane qui veut éclairer le monde	215
LXIII.	Le Chacal qui veut imiter le lion ..	219
LXIV.	Le jeune Brâhmane qui s'est sali le doigt........................	222
LXV.	L'Aveugle et la couleur du lait....	225
LXVI.	L'Homme et la moitié du gâteau..	227
LXVII.	L'Homme stupide et les grains rôtis.	229
LXVIII.	L'Homme qui a trouvé un remède pour guérir les plaies..........	231
LXIX.	L'Homme qui a perdu une écuelle d'argent.....................	233
LXX.	L'Homme qui a besoin de feu et d'eau froide.................	236
LXXI.	Le Marchand d'or et le Marchand de soie brochée...............	239

LES AVADÂNAS

CONTES ET APOLOGUES INDIENS

I

LE ROI ET LE GRAND TAMBOUR.

(De la réputation.)

Un roi dit un jour : « Je veux faire fabriquer un grand tambour dont les sons puissent ébranler les airs au point de s'entendre jusqu'à la distance de cent li (dix lieues). Y a-t-il quelqu'un qui puisse le fabriquer ?

— Nous ne pourrions le fabriquer, » répondirent tous ses ministres.

En ce moment, arriva un grand officier appelé *Kandou*, qui était dévoué au souverain et aimait à secourir le peuple du royaume. Il s'avança et dit :

« Votre humble sujet peut faire ce tambour, mais il en coûtera de grandes dépenses.

— A merveille ! » s'écria le roi. Et aussitôt il ouvrit son trésor et lui donna toutes les richesses qu'il contenait. *Kandou* fit transporter à la porte du palais tous ces objets précieux, puis il publia en tous lieux cette proclamation :

« Aujourd'hui, le roi, dont la bonté égale celle des dieux, répand ses bienfaits ; il veut déployer toute son affection pour le peuple, et secourir ceux de ses sujets qui sont pauvres et indigents. Que tous les malheureux accourent à la porte du palais.»

Bientôt, de tous les coins du royaume, les indigents arrivèrent en foule avec un sac sur le dos, en se soutenant les uns les autres. Sur leur passage, ils remplissaient les villes et encombraient les grandes routes. Au bout d'un an, le roi rendit un décret où il disait : « Le grand tambour est-il achevé ou non ?

— Il est achevé, lui répondit *Kandou*.

— Pourquoi, demanda le roi, n'en ai-je pas entendu les sons ?

— Sire, repartit *Kandou*, je désire que Votre Majesté daigne prendre la peine de sortir du palais et de visiter l'intérieur du royaume. Elle entendra le tambour de la loi du *Bouddha*, dont les sons retentissent dans les dix parties du monde. »

Le roi fit apprêter son char, il parcourut

son royaume, et vit le peuple qui marchait en rangs pressés. « D'où vient, s'écria-t-il, cette prodigieuse multitude de peuple?

— Sire, répondit *Kandou*, l'an passé, vous m'avez ordonné de construire un tambour gigantesque qui pût se faire entendre jusqu'à la distance de cent li (dix lieues), afin de répandre dans tout le royaume la renommée de votre vertu. J'ai pensé qu'un bois desséché et une peau morte ne sauraient propager assez loin l'éloge pompeux de vos bienfaits. Les trésors que j'ai reçus de Votre Majesté, je les ai distribués, sous forme de vivres et de vêtements, aux religieux mendiants et aux brâhmanes, afin de secourir les hommes les plus pauvres et les plus malheureux de votre royaume. Une proclamation générale les a fait venir de tous côtés, et des quatre coins du royaume ils sont accourus à la source des bienfaits, comme des enfants affamés qui volent vers leur tendre mère. »

(Extrait de l'ouvrage intitulé : *Thien-wang-thaï-tseu-pi-lo-king*.)

II

LE LABOUREUR QUI A PERDU SON FILS.

(De ceux qui se sont dépouillés de toute affection.)

Un père et son fils labouraient ensemble. Un serpent venimeux ayant fait mourir le fils, le père continua à labourer comme auparavant. Il ne regarda point son fils et ne pleura point.

« A qui appartient ce jeune homme? demanda un brâhmane.

— C'est mon fils, répondit le laboureur.

— Puisque c'est votre fils, dit le brâhmane, pourquoi ne pleurez-vous pas?

— Quand l'homme vient au monde, repartit le laboureur, il fait un premier pas vers la mort; la force de l'âge est le signal du déclin. L'homme de bien trouve sa récompense et le méchant sa punition. La douleur et les larmes ne servent de rien aux morts. Maintenant, seigneur, entrez en ville. Ma maison est située en tel endroit. Passez-y et dites que mon fils est mort; puis, prenez mon repas et apportez-le-moi.

— Quel est cet homme? se dit le brâhmane. Son fils est mort, et il ne s'en retourne pas! Le cadavre gît à terre, et son cœur reste insensible à la douleur! Il demande froidement de la nourriture; il n'a pas d'entrailles; c'est une dureté sans exemple. »

Le brâhmane entra en ville, se rendit dans la maison du laboureur et vit la mère dont le fils était mort. Il lui dit alors :

« Votre fils est mort, et votre mari m'a chargé de lui rapporter son repas. » Le brâhmane ajouta : « Comment ne songez-vous pas à votre fils ? »

La mère du jeune homme répondit au brâhmane par cette comparaison : « Ce fils n'avait reçu qu'une existence passagère ; aussi je ne l'appelais point mon fils. Aujourd'hui il s'en est allé sans moi, et je n'ai pu le retenir. C'est comme un voyageur qui passe dans une hôtellerie. Aujourd'hui, il s'en va de lui-même; qui pourrait le retenir? Telle est la situation d'une mère et d'un fils. Que celui-ci s'en aille ou vienne, s'avance ou s'arrête, je n'ai point de pouvoir sur lui; il a suivi sa destinée primitive et je ne pouvais le sauver. »

Le brâhmane parla ensuite à la sœur aînée du défunt. « Votre jeune frère est mort, lui dit-il ; pourquoi ne pleurez-vous pas? »

La sœur aînée répondit au brâhmane par cette comparaison. « C'est, lui dit-elle, comme lorsqu'un charpentier est entré dans une forêt. Il coupe des arbres, les lie ensemble et en forme un grand radeau qu'il lance au milieu de la mer ; mais aussitôt survient un vent impétueux qui chasse le radeau et en disperse les débris ; puis les flots entraînent les poutres de l'avant et de l'arrière qui, une fois séparées, ne se rejoignent jamais. Tel a été le sort de mon jeune frère. Réunis ensemble par la destinée, nous sommes nés tous deux dans la même famille. Suivant que notre existence doit être longue ou courte, la vie et la mort n'ont point de temps défini; on se réunit pour un moment, et l'on se sépare pour toujours! Mon jeune frère a terminé sa carrière, et chacun de nous suit sa destinée. Je ne pouvais le protéger ni le sauver. »

Le brâhmane parla ensuite à la femme du défunt : « Votre mari est mort, lui dit-il, pourquoi ne pleurez-vous pas? »

Cette femme lui répondit par une comparaison. « C'est, lui dit-elle, comme deux oiseaux qui volent et vont se reposer au sommet d'un grand arbre; ils s'arrêtent et dorment ensemble. Puis, aux premières lueurs du jour, ils se lèvent et s'envolent chacun de leur côté, pour chercher leur nourriture. Ils se réunissent, si la destinée le veut; sinon, ils se séparent. Mon époux et moi, nous avons eu le sort de ces oiseaux. Quand la mort est venue le trouver, il a suivi sa destinée primitive, et je ne pouvais le sauver. »

Le brâhmane parla encore à son esclave et lui dit : « Votre maître est mort; pourquoi ne pleurez-vous pas? »

L'esclave lui répondit par cette comparaison : « Mon maître, par l'effet de la destinée, s'est trouvé uni à moi. J'étais comme le veau qui suit un grand taureau. Si un homme tue ce grand taureau, le veau qui se trouve près de lui ne saurait lui sauver la vie. La douleur et les cris du veau ne serviraient à rien. »

(Extrait de l'ouvrage intitulé: *Fa-youen-tchou-lin*, livre LII.)

III

LE BRÂHMANE CONVERTI.

(De ceux qui sont doués d'une intelligence divine.)

Il y avait jadis un brâhmane âgé de vingt ans que la nature avait doué de talents divins. Il n'y avait pas d'affaire, grande ou petite, qu'il ne fût capable d'exécuter en un clin d'œil. Fier de son intelligence, il fit un jour ce serment : « Il faut que je connaisse à fond tous les métiers et toutes les sciences du monde. S'il est un art que je ne possède pas, je me croirai dépourvu d'esprit et de pénétration. »

Là-dessus, il se mit à voyager pour s'instruire; il n'y eut pas de maître qu'il n'allât trouver. Les six arts libéraux, les différentes sciences, l'astronomie, la géographie, la médecine, la magie qui ébranle la terre et fait crouler les montagnes, le jeu de dés, le jeu d'échecs, la musique, la lutte, la coupe des habits, la broderie, la cuisine, l'art de découper les viandes et d'assaisonner les mets; il n'y avait rien qu'il ne connût à fond. Il réfléchit alors en lui-même et se dit : « Lorsqu'un homme a tant de talents, qui est-ce qui peut l'égaler? Je vais essayer de parcourir les royaumes, pour terrasser mes rivaux. J'étendrai ma réputation jusqu'aux quatre mers et j'élèverai jusqu'au ciel la renommée de mes talents. Mes brillants exploits seront inscrits dans l'histoire, et ma gloire parviendra aux générations les plus reculées. »

En achevant ces mots, il se mit en route. Quand il fut arrivé dans un autre royaume, il entra dans un marché et le visita d'un bout à l'autre. Il vit un homme assis qui fabriquait des arcs de corne. Il divisait des nerfs et travaillait la corne avec une telle habileté que ses mains semblaient voler sur son ouvrage. A peine un arc était-il achevé que les acheteurs se le disputaient à l'envi. Le jeune homme songea en lui-même et se dit : « Les sciences que j'avais étudiées me paraissaient complètes, mais, en rencontrant cet homme, je me sens honteux de n'avoir pas appris l'art de faire des arcs.

S'il voulait lutter de talent avec moi, je ne saurais lui tenir tête. Il faut que je lui demande des leçons et que j'apprenne son métier. »

Aussitôt, il demanda au fabricant d'arcs la faveur de devenir son disciple. Il travailla avec ardeur, et, dans l'espace d'un mois, il acquit complétement l'art de fabriquer des arcs. Tout ce qu'il faisait était si admirable qu'il effaçait son maître. Il le récompensa généreusement, puis il prit congé de lui et partit. Il arriva dans un autre royaume où il fut obligé de traverser un fleuve. Il y avait un batelier qui faisait mouvoir sa barque avec la vitesse d'un oiseau. Fallait-il tourner, monter ou descendre, il lui imprimait une vitesse sans égale. Le jeune homme songea encore en lui-même et se dit : « Quoique j'aie étudié un grand nombre de métiers, je n'ai pas encore appris celui de batelier. C'est sans doute un métier abject; mais comme je l'ignore, il faut absolument que je l'apprenne, et que je possède au complet tous les arts du monde. »

Aussitôt, il alla trouver le batelier et exprima le vœu de devenir son disciple. Il lui obéit avec le plus grand respect et fit tous ses efforts pour réussir. Au bout d'un mois, il sut si bien faire tourner son bateau et le diriger, soit au gré des flots, soit contre le courant, qu'il surpassait son maître. Il récompensa largement ce dernier, lui fit ses adieux et partit. Il se rendit dans un autre royaume où le souverain avait fait construire un palais si magnifique qu'il n'en existait pas de pareil au monde. Le jeune homme songea en lui-même et se dit : « Les ouvriers qui ont construit ce palais ont déployé un talent admirable. Depuis que je voyage en secret, je n'ai pas encore étudié l'architecture. Si je voulais lutter de talent avec eux, il est certain que je n'aurais pas l'avantage. Il faut que j'étudie encore, et alors il ne me manquera plus rien. »

Aussitôt il alla trouver un architecte et demanda à devenir son disciple. Il reçut ses leçons avec respect, et mania habilement le ciseau et la hache. Au bout d'un mois, il sut se servir de la toise et du compas, de la règle et de l'équerre, sculpter et ciseler en perfection. Il connaissait à fond tout ce qui concerne le travail du bois.

Grâce à ses talents naturels et à sa rare intelligence, il surpassa bientôt son maître; il le récompensa avec générosité, prit congé de lui et partit. Il continua à voyager dans le monde, et parcourut seize grands royaumes. Il ordonna à des lutteurs de faire assaut avec lui, mais comme il se disait de première force, personne n'osa répondre à ses défis. Il en conçut de l'orgueil et se dit : « Sur toute la terre, qui est-ce qui pourrait l'emporter sur moi? »

Dans ce moment, le *Bouddha*, qui se trouvait à *Djêtavana*, aperçut cet homme, et résolut de le convertir. Par l'effet de sa puissance surnaturelle, il prit la forme d'un religieux, et s'avança vers lui, appuyé sur son bâton et tenant à la main le vase aux aumônes. Or, jusqu'à présent, le brâhmane avait parcouru des royaumes où n'existait pas la doctrine du *Bouddha*, et il n'avait pas encore vu de religieux samanéens. Il se demanda avec étonnement quel était cet homme, et se proposait de l'interroger dès qu'il serait à sa portée. Peu après, le religieux arriva près de lui. « Dans les nombreux royaumes que j'ai visités, lui dit le brâhmane, je n'ai pas encore vu d'hommes du genre de Votre Seigneurie. Parmi les diverses espèces de vêtements, je n'en ai jamais remarqué de cette forme; parmi les différents objets des temples, je n'ai jamais vu cette sorte de vase. Dites-moi, seigneur, quel homme vous êtes. Votre extérieur et votre costume sont extraordinaires.

— Je suis, dit le religieux, un homme qui dompte son corps.

— Qu'entendez-vous par là ? » demanda le brâhmane.

Le religieux, faisant allusion aux métiers qu'il avait étudiés, prononça ces vers : « Le fabricant d'arcs dompte la corne, le batelier dompte son bateau, le charpentier dompte le bois, l'homme sage dompte son corps. De même qu'une énorme pierre ne peut être emportée par le vent, le sage, qui a une âme forte, ne peut être ébranlé par les louanges ni les calomnies. De même qu'une eau profonde est limpide et transparente, l'homme éclairé, qui a entendu le langage de la loi, épure et agrandit son cœur. »

Là-dessus, le religieux ayant achevé ces vers, s'éleva dans les airs et fit paraître le corps du *Bouddha,* orné des trente-deux signes d'un grand homme et des quatre-vingts marques de beauté. Il répandit une splendeur divine qui pénétra en tous lieux et illumina le ciel et la terre. Puis, il descendit du haut des airs et dit au brâhmane : « Si, par ma vertu j'ai opéré ce prodige, je le dois à l'énergie avec laquelle j'ai dompté mon corps. »

Après avoir entendu ces paroles, le jeune homme jeta ses cinq membres à terre, la frappa de son front, et s'écria : « Je désire apprendre les règles les plus essentielles pour dompter le corps. »

Le *Bouddha* fit connaître au brâhmane les cinq défenses[1], les dix vertus[2], les six

---

1. 1° Ne pas tuer; 2° ne pas voler; 3° ne pas se livrer à la luxure; 4° ne pas mentir; 5° ne pas boire de liqueurs spiritueuses.

2. 1° Ne pas tuer; 2° ne pas voler; 3° ne pas se

pâramitas[1], les quatre méditations et les trois voies du salut. « Voilà, lui dit-il, les règles pour dompter le corps. L'art de fabriquer des arcs, de diriger une nacelle et de travailler le bois, les six sciences libérales et les talents extraordinaires, sont des choses spécieuses, qui, tout en flattant la vanité de l'homme, agitent son corps, égarent son esprit, et l'asservissent lui-même aux vicissitudes de la vie et de la mort. »

Le brâhmane fut ému de ces paroles du

livrer à la luxure; 4° ne pas mentir; 5° éviter la duplicité; 6° ne pas injurier les autres; 7° ne pas farder ses paroles; 8° se défendre de la convoitise; 9° ne pas se mettre en colère; 10° ne pas regarder autrui d'un mauvais œil.

1. Les six moyens d'arriver au *Nirvân'a*, savoir : 1° l'aumône; 2° la conduite morale; 3° la patience; 4° le zèle ardent pour le bien; 5° la méditation; 6° l'intelligence.

Bouddha, et éprouva une douce joie. Il ouvrit son cœur à la foi, et demanda à être admis au nombre de ses disciples. Le *Bouddha* lui expliqua encore le sommaire des quatre vérités sublimes et des huit moyens de délivrance, et aussitôt il obtint la dignité d'*Arhat*.

(Extrait de l'ouvrage intitulé : *Fa-yu-pi-yu-king*.)

IV

LE HIBOU ET LE PERROQUET.

(N'accusez pas les autres des malheurs qui vous arrivent par votre faute.)

Au commencement des *Kalpas*, il y avait un roi appelé *Svaranandi*. Une fois, un hibou vint se poser sur le palais. Il aperçut un perroquet qui jouissait seul de l'amitié et de la faveur du roi, et lui demanda d'où lui venait ce bonheur.

« Dans l'origine, répondit-il, lorsque je fus admis dans le palais, je fis entendre une voix plaintive d'une douceur extrême; le roi me prit en amitié et me combla de bontés. Il me plaçait constamment à ses côtés et me mit un collier de perles de cinq couleurs. »

En entendant ces paroles, le hibou conçut une vive jalousie. « Eh bien! dit-il après un moment de réflexion, je veux absolument chanter aussi pour plaire encore plus que Votre Seigneurie. Il faudra bien que le roi me comble aussi d'amitié et de faveurs. »

Au moment où le roi venait de se livrer au sommeil, le hibou fit entendre sa voix. Le roi s'éveilla tout effaré, et, par l'effet de la terreur, tous les poils de son corps se hérissèrent. « Quel est ce cri? demanda-t-il à ses serviteurs; j'en suis tout ému et bouleversé.

— Sire, répondirent-ils, il vient d'un oiseau dont le cri est odieux; on l'appelle *Ouloûka* (un hibou). »

Sur-le-champ, le roi exaspéré envoya de différents côtés une multitude de gens pour chercher l'oiseau. Ses serviteurs eurent bientôt pris et apporté au roi le coupable volatile. Le roi ordonna de plumer le hibou tout vivant, de sorte qu'il éprouva de cuisantes douleurs et se sauva sur ses pattes. Quand il fut revenu dans la plaine, tous les oiseaux lui dirent : « Qui est-ce qui vous a mis dans ce piteux état? » Le hibou, qui était gonflé de colère, se garda bien de s'accuser lui-même. « Mes amis, dit-il, c'est un perroquet qui est l'unique cause de mon malheur. »

Le *Bouddha* dit, à cette occasion : « Une

belle voix a appelé le bonheur, une vilaine voix a attiré le malheur. Le châtiment du hibou est venu de sa propre sottise; mais, au lieu de s'en prendre à lui-même, il a tourné sa colère contre le perroquet. »

(Extrait du livre intitulé : *Tchang-tche-in-youeï-king* (*Svaranandî Grihapati soûtra*), II° partie.)

V

LES CORBEAUX ET LES HIBOUX.

(Défiez-vous des hypocrites.)

Jadis, il y avait des corbeaux et des hiboux qui étaient constamment en guerre. Les corbeaux attendaient le jour, et, sachant que les hiboux n'y voyaient goutte, écrasaient et tuaient ces oiseaux, et se repaissaient de leur chair. De leur côté, les hiboux sachant que, pendant la nuit, les corbeaux étaient aveugles, les attaquaient à coups de bec, leur ouvraient les entrailles et se repaissaient, à leur tour, de leur chair. De cette manière, les uns craignaient le jour et les autres la nuit; cela n'avait pas de fin. Dans ce temps-là, au milieu des oiseaux, se rencontra un corbeau plein de prudence. Il parla à ses compagnons, et leur dit : « Notre hostilité mutuelle est vraiment implacable; nous finirons par nous exterminer complétement les uns les autres; et il est impossible que les deux partis restent sains et saufs. Il faut employer un moyen habile pour exterminer tous les hiboux, et, après cela, nous pourrons vivre tranquilles et heureux; autrement, notre perte est certaine.

— A merveille, s'écrièrent les corbeaux; mais quel beau projet avez-vous conçu pour exterminer nos ennemis?

— Mes amis, répondit le corbeau prudent, vous n'avez qu'à m'assaillir à coups de bec, m'arracher les plumes et me peler le cou. J'emploierai alors un stratagème qui amènera leur extermination complète. »

Les corbeaux l'ayant traité suivant son désir, il se rendit dans l'état le plus piteux à l'entrée du trou des hiboux, et poussa des cris lamentables. Un hibou ayant entendu ses plaintes, sortit et l'interrogea : « Pourquoi venez-vous vers notre demeure, le crâne meurtri et déchiré, et le corps tout dépouillé de plumes et de duvet? Vos cris lugubres annoncent de cruelles souffrances. Peut-on en savoir la cause?

— La multitude des corbeaux, leur répondit-il, a conçu contre moi une haine acharnée. Ne pouvant plus vivre avec eux, je viens me réfugier auprès de vous pour échapper à leur rage. »

Le hibou s'apitoya sur son sort et voulut le nourrir avec bonté, mais tous ses compagnons s'écrièrent : « C'est un ennemi mortel que nous ne devons même pas approcher. Pourquoi le nourrir, et accroître à nos dépens sa haine et son hostilité?

— Aujourd'hui, reprit le hibou, comme il est accablé de misère et de douleur, il vient nous demander un asile. Il est seul et abandonné, quel mal pourrait-il nous faire? »

Ils consentirent aussitôt à le nourrir, et lui apportaient constamment les restes de leurs proies. Mais, après un certain nombre de jours et de mois, son duvet revint, et ses ailes se garnirent de plumes comme auparavant. Le corbeau, témoignant une joie feinte, imagina secrètement un habile stratagème. Il ramassa des branches sèches, des herbes et des brins de bois, et les arrangea au milieu du trou, comme pour témoigner aux hiboux sa reconnaissance. « A quoi bon tout cela? lui demandèrent-ils.

— Dans tout votre trou, répondit le corbeau, il n'y a que des pierres froides. Ces herbes et ces branches vous garantiront du vent et du froid. »

Les hiboux le crurent et ne dirent mot. Sur ces entrefaites, le corbeau chercha à devenir le gardien de leur retraite, et feignit d'exécuter leurs ordres, sous prétexte de les remercier de leurs bienfaits.

Dans ce même temps, il tomba une neige violente, accompagnée d'un vent glacial, et tous les hiboux se réfugièrent promptement dans leur trou.

Le corbeau profita avec joie de cette occasion; il s'élança vers un endroit où des bergers avaient allumé du feu, apporta dans son bec une branche enflammée, et incendia la demeure des hiboux, qui, en un instant, furent consumés au milieu de leur trou.

<small>(Extrait de l'ouvrage intitulé: *Tsa-p'ao-thsang-king*, livre VIII.)</small>

VI

LE RELIGIEUX, LA COLOMBE, LE CORBEAU, LE SERPENT VENIMEUX ET LE CERF.

(Il faut maîtriser ses passions.)

Il y avait une fois un religieux nommé *Viryabala*. Il demeurait au milieu des montagnes, et restait en silence au pied d'un arbre pour obtenir l'intelligence. A la même époque, il y avait quatre animaux qui habitaient tout près de lui et le laissaient constamment en paix. C'étaient une colombe, un corbeau, un serpent venimeux et un cerf. Ces quatre animaux sortaient le jour pour chercher leur nourriture, et rentraient le soir au gîte. Pendant une certaine nuit, ils s'interrogèrent l'un l'autre et se demandèrent quelle était, dans ce monde, la plus grande cause de souffrance. « C'est la faim et la soif, dit le corbeau. Lorsqu'on est tourmenté par la faim et la soif, le corps maigrit, les yeux s'éteignent, l'esprit est agité, on se jette aveuglément dans les filets et l'on ne s'inquiète pas des armes les plus meurtrières. Notre mort prématurée n'a jamais d'autre cause. C'est pourquoi je dis que la faim et la soif sont la plus grande cause de souffrance.

— Je pense, dit la colombe, que l'amour est la plus grande cause de souffrance. Quand l'amour nous enflamme, aucune considération ne nous arrête ; les dangers que nous courons, la mort qui nous atteint n'ont jamais d'autre cause.

— Pour moi, dit le serpent venimeux, je trouve que la colère est la plus grande cause de souffrance. Dès qu'une pensée haineuse s'est élevée dans notre âme, nous immolons même nos parents, et souvent nous poussons la rage jusqu'à nous tuer nous-mêmes.

— C'est l'effroi, dit le cerf, qui est la plus grande cause de souffrance. Quand nous sommes au milieu des bois et des plaines, notre âme est constamment en proie à la crainte ; s'il nous semble entendre la voix des chasseurs ou les cris des loups, nous nous précipitons dans les fossés ou du haut des rochers ; la mère, palpitant d'effroi, abandonne ses petits. Voilà pourquoi je dis que la crainte est la plus grande cause de souffrance. »

Après avoir entendu ces discours, le religieux leur dit : « Vous raisonnez sur les causes accessoires, sans rechercher la cause première de la souffrance. Dans ce monde, le plus grand malheur des créatures est d'avoir un corps. Le corps est la plus grande source de souffrance; c'est lui seul qui nous cause des craintes et des douleurs sans bornes. »

(Extrait de l'ouvrage intitulé : *Fa-kiu-pi-yu-king*, ou Livre des comparaisons tirées des livres sacrés.)

VII

LE PERROQUET DEVENU ROI.

(Estimez la prudence.)

Au pied des montagnes neigeuses, dans le creux d'un ravin, il y avait un endroit exposé au soleil où les oiseaux se réunissaient en foule. Un jour, ils délibérèrent entre eux et dirent : « Il faut maintenant que nous choisissions l'un de nous pour être roi, afin qu'il inspire à la multitude des oiseaux une crainte salutaire et les empêche de faire le mal.

— A merveille! dirent les oiseaux; mais qui est-ce qui mérite d'être roi?

— Il faut prendre la grue, s'écria un oiseau.

— Cela ne convient pas, dit un autre.

— Pourquoi cela?

— Elle a de hautes jambes et un long cou; pour la moindre peccadille, elle nous brisera le crâne à coups de bec. Choisissons le cygne pour roi; son plumage est d'une parfaite blancheur; il obtiendra les respects de tous les oiseaux.

— Cela ne convient pas, dirent les autres oiseaux. Quoiqu'il soit blanc de toute sa personne, il a un cou long et tortu. Celui dont le cou n'est pas droit, pourrait-il redresser les autres? Voilà pourquoi cela ne convient pas.

— Il y a le paon, dirent d'autres oiseaux ; sa queue brille des plus riches couleurs, et sa vue seule réjouit les yeux. Il est digne d'être roi.

— Cela ne convient pas, répliquèrent les autres oiseaux.

— Quelle en est la cause ?

— Quoiqu'il ait des plumes charmantes, il est dépourvu de honte. Toutes les fois qu'il fait la roue, il étale impudemment la laideur de son corps. Voilà pourquoi cela ne convient pas. »

Un oiseau dit : « Prenons le hibou pour roi. En voici la raison : le jour il se tient en repos, et la nuit il veille et fait sentinelle. Il pourra nous garder. C'est lui qui mérite d'être roi. »

La multitude des oiseaux approuva cet

avis. Il y avait un perroquet rempli de prudence et de perspicacité qui se tenait à l'écart. Après avoir réfléchi, il s'écria : « L'habitude des oiseaux est de dormir la nuit, et de sortir le jour pour chercher leur nourriture. Ce hibou est dans l'usage de veiller la nuit et de dormir le jour. Quand tous les oiseaux l'entoureront pour le servir, ils seront jour et nuit dans les alarmes et ne pourront dormir; ce sera un sort misérable. Si nous lui adressons des observations, il se mettra en colère et nous plumera impitoyablement. Si nous prenons le parti de nous taire, la famille entière des oiseaux subira toute sorte de cruautés pendant la longueur des nuits. Aimez-vous mieux être dépouillés de vos plumes que d'enfreindre quelque peu les lois de la raison? »

En achevant ces mots, il se présenta devant la multitude des oiseaux, s'éleva au-dessus de l'assemblée en agitant ses ailes, et leur dit d'une voix respectueuse : « Je souhaite que vous écoutiez l'humble avis que je viens d'émettre. »

En ce moment, la multitude des oiseaux prononça ces vers : « Un être intelligent connaît la justice et n'a pas besoin d'être mûri par les ans. Quoique vous soyez jeune, vous avez une prudence qui répond aux exigences du temps. »

En ce moment le perroquet, flatté de l'opinion des oiseaux, prononça ces vers : « Si vous m'en croyez, vous ne prendrez pas le hibou pour roi. En effet, quand il sera joyeux, s'il montre sa figure, il terrifiera constamment les oiseaux. A plus forte raison, s'il se met en colère, nul d'entre nous n'osera le regarder en face.

— Ce que vous dites est la vérité même, s'écrièrent les oiseaux. » Ils prirent en conséquence la résolution suivante : « Le perroquet est doué de lumières et d'intelligence ; lui seul est digne d'être notre roi. »

Cela dit, ils le saluèrent tous du nom de roi.

(Extrait de l'Encyclopédie intitulée : *Fa-youen-tchou-lin*, livre LI.)

VIII

LES AVEUGLES ET L'ÉLÉPHANT DU ROI.

(De ceux qui ont des vues étroites.)

Dans le pays de *Djamboûli*, il y avait un roi nommé *Adarçamoukha*. Un jour, il dit à un de ses serviteurs : « Parcourez les diverses parties de mes États, ramassez tous les aveugles et amenez-les dans mon palais. »

Après avoir reçu cet ordre royal, le serviteur se mit en route, et ayant amené tous les aveugles qu'il avait rencontrés, il les conduisit dans le palais et alla en informer le roi.

Le roi ordonna à son premier ministre d'emmener ces hommes et de leur montrer (*sic*) ses éléphants. Le ministre les conduisit dans l'écurie, leur montra, un à un, tous les éléphants, et leur ordonna de les toucher. L'un toucha une jambe, un autre l'extrémité de la queue, d'autres le ventre, les flancs, le dos, l'oreille, la tête, les défenses, le nez (la trompe). Après leur avoir tout montré, il les ramena auprès du roi. Le roi leur demanda : « Avez-vous vu ou non les éléphants?

— Nous les avons vus complétement, répondirent-ils.

— A quoi ressemblaient-ils? » demanda le roi.

Celui qui avait touché les jambes, dit : « L'éléphant de notre illustre roi est comme une colonne ; — Comme un balai, dit celui qui avait touché le bout de la queue ; — Comme une branche d'arbre, dit celui qui avait touché le haut de la queue ; — Comme une masse de terre, dit celui qui avait touché le ventre ; — Comme un mur, dit celui qui avait touché les flancs ; — Comme le bord d'une montagne, dit celui qui avait touché le dos ; — Comme un large van, dit celui qui avait touché l'oreille ; — Comme un mortier, dit celui qui avait touché la tête ; — Comme une corne, dit celui qui avait touché une défense ; — Comme une grosse corde, » dit celui qui avait touché la trompe.

Cela dit, tous ceux qui avaient touché l'éléphant se mirent à disputer entre eux [1].

(Extrait de l'ouvrage intitulé : *Fo-choue-i-tso-king*, livre I.)

1. La même histoire se trouve en d'autres termes à la suite de celle-ci. Elle est extraite de *San-hoeï-king-tsie*, livre VIII.

IX

LE ROI QUI ENVOIE ACHETER LE MALHEUR.

(De ceux qui alimentent leur propre malheur.)

Il y avait jadis un royaume où tous les grains mûrissaient à merveille ; le peuple vivait en paix et ne connaissait point les maladies. Jour et nuit, il entendait une musique harmonieuse et n'éprouvait ni chagrins ni tourments.

Le roi interrogea ses ministres et leur parla ainsi: « J'ai entendu dire que le malheur était dans l'empire. A quoi le malheur ressemble-t-il?

— Nous ne l'avons jamais vu, » répondirent les ministres.

Le roi envoya alors un de ses ministres dans un royaume voisin pour chercher le malheur et l'acheter. En ce moment, un dieu prit la figure d'un homme et alla vendre, au marché, le malheur qui avait la figure d'une truie. Le dieu l'attacha avec une chaîne de fer et le mit en vente. Le ministre demanda quel était le nom de cet animal.

« Il s'appelle la femelle du malheur, » répondit le dieu.

— Est-il à vendre? demanda le ministre.

— Assurément, repartit le dieu.

— Quel en est le prix?

— Un million de pièces d'or.

— Que mange-t-il chaque jour ?

— Un litre d'aiguilles. »

Le ministre alla de maison en maison pour trouver des aiguilles. Les hommes du royaume lui en donnaient chacun deux ou trois, de sorte qu'en cherchant des aiguilles dans les villes et les villages, il répandait partout le trouble et l'agitation. C'était une véritable calamité ; le peuple était aux abois et ne savait que devenir.

Le ministre dit au roi : « J'ai bien trouvé la femelle du malheur, mais c'est une cause de trouble parmi le peuple ; les hommes et les femmes se voient à la veille d'être ruinés. Je voudrais la tuer et en débarrasser le pays, Votre Majesté me le permet-elle ? »

Le roi ayant approuvé son projet, on emmena l'animal en dehors de la ville pour le tuer; mais sa peau était tellement dure que le couteau ne pouvait y entrer et que la hache ne pouvait le blesser ni le tuer. On amassa un monceau de bois pour le brûler. Quand son corps fut devenu rouge comme le feu, il s'échappa, courut à travers le village et l'incendia; il passa par le marché et le consuma; il entra dans la ville et la brûla. Il pénétra dans le royaume et mit tout en feu. Le peuple était dans une affreuse confusion; il mourait de faim et était en proie aux plus cruelles souffrances. Le roi fut ainsi puni pour s'être rassasié de plaisirs et avoir cherché le malheur. On peut le comparer à ceux que brûle le feu de la volupté. Les hommes et les femmes recherchent ardemment le poison de l'amour, et ils arrivent promptement à la mort sans en avoir aperçu l'amertume.

(Extrait de l'ouvrage intitulé : *Fa-youen-tchou-lin*, livre XLVI.)

X

**LE ROI ET LES CHEVAUX
HABITUÉS A TOURNER LA MEULE.**

(De la force des habitudes.)

Dans les contrées occidentales, il y avait un roi qui habituellement n'entretenait point de chevaux, de peur de diminuer les ressources de son royaume. Un jour, il alla en chercher de tous côtés et en acheta cinq cents, afin de se prémunir contre les ennemis du dehors et de procurer la paix à son royaume. Quand il eut nourri longtemps ces chevaux, comme le royaume se trouvait en paix, il se dit en lui-même : « La nourriture de ces cinq cents chevaux n'est pas une petite dépense ; ils demandent des soins pénibles et ne sont d'aucune utilité à mon royaume. »

Il ordonna alors à l'intendant de ses écuries de leur couvrir les yeux et de leur faire tourner des meules de moulin, afin qu'ils pussent gagner leur nourriture et ne diminuassent plus les ressources du royaume. Il y avait déjà longtemps que ces chevaux étaient habitués à marcher en tournant, lorsque tout à coup un roi voisin leva des troupes et envahit les frontières. Le roi ordonna d'équiper ces chevaux, de les couvrir de harnais de guerre et de les faire monter par de braves cavaliers. Ceux-ci, au moment du combat, fouettèrent les chevaux afin de marcher droit à l'ennemi et d'enfoncer ses rangs. Mais les chevaux, ayant senti le fouet, se mirent à tourner en rond, sans avoir nulle envie de se diriger vers l'ennemi.

Les troupes du roi voisin voyant ce manége, reconnurent que cette cavalerie n'était bonne à rien. Ils marchèrent en avant et écrasèrent l'armée du roi.

On voit par là ce que l'homme doit faire pour être bien récompensé de ses œuvres. Lorsque nous touchons à la fin de la vie, si le cheval du cœur n'est pas turbulent, il marchera docilement à notre gré. On ne peut donc se dispenser de le dompter et dresser d'avance. Si le cheval du cœur n'est pas dompté et dressé d'avance, il meurt, et l'ennemi arrive sur-le-champ. Si le cheval du cœur tourne en rond (c'est-à-dire s'abandonne à des mouvements désordonnés, et résiste jusqu'à la fin à l'impulsion de votre volonté), il ressemble aux chevaux du roi qui ne purent écraser les ennemis et sauver son royaume.

C'est pourquoi un religieux ne peut se dispenser de veiller constamment sur son cœur.

(Extrait de *Tchou-king-siouen-tsi-pi-yu-king*, c'est-à-dire du Livre des comparaisons tirées des livres sacrés.)

XI

LE LABOUREUR ET LE TRÉSOR.

(De ceux qui se laissent aveugler par la cupidité.)

Jadis, le *Bouddha* voyageant avec *Ânanda* dans le royaume de *Çrâvastî*, à travers une plaine déserte, ils virent sur le bord d'un champ un trésor qu'on y avait déposé. Le *Bouddha* dit à *Ânanda* : « C'est un grand serpent venimeux.

— C'est, en effet, un méchant serpent venimeux, repartit *Ânanda*. »

Dans ce moment, un laboureur ayant entendu le *Bouddha* dire à *Ananda* qu'il y avait là un serpent venimeux, se dit en lui-même : « Il faut que j'aille le voir. Pourquoi le religieux a-t-il dit que c'était un méchant serpent venimeux ? »

Il y alla aussitôt, et vit un monceau d'or pur. Il se dit alors : « Ce que le *Samanéen* (religieux) appelle un serpent venimeux, est du bel et bon or. » Il le ramassa et l'emporta dans sa maison. Cet homme, qui auparavant était pauvre au point de ne pouvoir se procurer des habits et des aliments, devint, par la découverte du trésor, riche et opulent ; de sorte qu'il regorgea tout à coup de mets exquis et de somptueux vêtements. Les espions du roi, étonnés de sa fortune subite, se saisirent de lui et le jetèrent en prison. Après avoir dépensé follement tout l'or qu'il avait jadis trouvé, il ne put obtenir sa délivrance, et se vit menacé du dernier supplice. Il se mit à crier : « C'est un serpent venimeux, ô *Ânanda;* c'est un méchant serpent venimeux, ô *Lôkadjyêchth'a* — (Honorable du siècle) ! »

Des hommes qui étaient près de lui, ayant entendu ces paroles, allèrent les rapporter au roi. Le roi fit appeler cet homme et lui demanda quel était le sens de ses paroles.

« Sire, dit-il, jadis, lorsque j'étais à labourer, j'ai entendu le *Bouddha* dire à *Ananda :* « Ce trésor que vous voyez est un « serpent venimeux. » Aujourd'hui, je comprends qu'un trésor est vraiment un serpent venimeux. »

(Extrait de l'ouvrage intitulé : *Ta-tchoang-yen-king-lun*, livre VI.)

XII

LES QUATRE FRÈRES BRÂHMANES ET LA FATALITÉ.

(On ne peut faire violence au destin.)

Il y avait jadis quatre brâhmanes qui étaient frères. Comme ils possédaient tous les cinq facultés surnaturelles, ils reconnurent une fois que leur vie devait être fort courte, et que leur mort arriverait infailliblement au bout de sept jours. Ils délibérèrent entre eux et dirent : « Nous possédons tous des facultés surnaturelles, et par notre puissance divine, nous pouvons bouleverser le ciel et la terre, en étendant le bras, toucher de la main le soleil et la lune, transporter des montagnes et arrêter les torrents; il n'y a rien qui nous soit impossible. Faut-il que nous ne puissions éviter ce malheur (échapper à la mort)? »

Le plus âgé dit : « Moi, j'entrerai dans la grande mer ; je la rendrai calme depuis le haut jusqu'en bas, et je m'établirai au centre; comment le démon, ministre de la mort, pourra-t-il savoir où je demeure? »

Le second frère dit : « J'entrerai dans le sein du mont *Soumérou*, et je refermerai l'ouverture extérieure, de manière qu'il soit impossible de me voir. Comment le démon, ministre de la mort, pourra-t-il savoir où je demeure? »

Le troisième frère dit : « Moi, j'irai habiter au milieu des airs, je cacherai mon corps, et ne laisserai aucune trace de ma personne. Comment le démon, ministre de la mort, pourra-t-il savoir où je demeure? »

Le quatrième frère dit : « Je me cacherai dans un grand marché, au milieu du tumulte et du vacarme d'une multitude de gens qui sont inconnus les uns aux autres; si le démon, ministre de la mort, saisit subitement un homme, pourquoi serait-ce absolument moi? »

Ces quatre frères ayant ainsi délibéré entre eux, allèrent prendre congé du roi, et lui dirent : « Nous avons calculé que notre vie doit être fort courte. Nous désirons échapper à la mort et obtenir beaucoup de bonheur. »

Le roi leur dit aussitôt : « Eh bien ! efforcez-vous de pratiquer la vertu. »

Là-dessus, ils firent leurs adieux au roi, et allèrent chacun dans le lieu qu'ils avaient choisi d'avance. Quand le terme de sept jours fut écoulé, ils sortirent de leur retraite et moururent tous ensemble.

(Extrait de l'Encyclopédie *Fa-youen-tchou-lin*, livre XIX.)

XIII

LE LABOUREUR ET LE PERROQUET.

(De la piété filiale.)

Au milieu des montagnes neigeuses, vivait un perroquet dont le père et la mère étaient aveugles. Il recueillait constamment de belles fleurs et d'excellents fruits pour les leur offrir. A la même époque, un laboureur, qui venait de faire ses semailles, prononça ce vœu bienveillant : « Ces grains que j'ai semés, je veux les offrir à la mul-

titude des créatures pour les nourrir. »
Dans ce moment, notre perroquet voyant
que ce maître du champ avait eu, par
avance, l'intention de faire l'aumône, alla
dans les guérets quand les grains furent en
maturité, et en recueillit pour les offrir à
son père et à sa mère. Le maître du champ
était alors occupé à faire sa moisson. Ayant
vu une multitude d'oiseaux qui emportaient
des épis, il entra en colère, tendit un filet
et prit le perroquet. Celui-ci dit au maître
du champ : « Précédemment, vous aviez
l'intention de faire l'aumône de vos grains
et ne connaissiez point l'avarice. Voilà pourquoi j'ai osé venir ramasser des grains de
riz. Pourquoi aujourd'hui m'avez-vous pris
dans un filet? Or, un champ est comme
une mère et les grains comme un père;

les paroles vraies ressemblent aux fils, le maître du champ est comme un roi de qui dépend la protection et le salut de ses sujets. »

En entendant ces paroles, le maître du champ éprouva un sentiment de joie. Il interrogea le perroquet et lui dit : « Pour qui prenez-vous ces grains ?

— J'ai un père et une mère aveugles, répondit le perroquet, et je recueille ces grains pour les nourrir. »

Le laboureur fut touché de sa piété filiale et le mit en liberté.

(Extrait de l'ouvrage intitulé Tsa-p'ao-thsang-king, livre I.)

XIV

LES DEUX OIES ET LA TORTUE[1].

(Il faut veiller sur sa langue.)

Au bord d'un étang, vivaient deux oies qui avaient lié amitié avec une tortue. Dans la suite, l'eau de l'étang étant venue à tarir, les deux oies délibérèrent entre elles et se dirent : « Maintenant que l'étang est à sec,

---

[1]. Voy. *l'Hitôpadêça*, traduction de Lancereau, page 172.

notre amie doit en souffrir bien cruellement. »

Après cet entretien, elles dirent à la tortue : « Comme l'eau de cet étang est tarie, vous n'avez plus de ressources pour subsister. Saisissez avec votre bec le milieu de ce bâton; nous le prendrons chacune par un bout et nous vous transporterons dans un endroit où l'eau soit abondante. Mais pendant que vous tiendrez ce bâton, prenez garde de ne point parler. »

Cela dit, elles enlevèrent la tortue et la firent passer par-dessus des bourgs et des villages. Ce que voyant les petits garçons, ils se mirent à crier : « Des oies emportent une tortue ! des oies emportent une tortue !... »

La tortue se mit en colère et leur dit : « Est-ce que cela vous regarde? » Elle lâcha aussitôt le bâton, tomba à terre et se tua.

(Extrait de l'Encyclopédie *Fa-youen-tchou-lin*, livre LXXXI.)

XV

LE BOUDDHA ET LE DOMPTEUR D'ÉLÉPHANTS.

(De ceux qui travaillent à leur perfection intérieure.)

Le *Bouddha* demanda un jour à un chef de marchands combien il y avait de moyens pour dompter les éléphants.

« On en emploie ordinairement trois, répondit-il, pour dompter les grands éléphants. D'abord, on applique à leur bouche un crochet de fer que l'on attache au poitrail ; ensuite on diminue constamment leur nourriture pour les affamer et les faire maigrir; enfin, on les frappe durement avec un bâton. Ils deviennent alors doux et dociles.

— Que se propose-t-on par ces trois moyens? demanda encore le *Bouddha*.

— Le crochet de fer, répondit-il, sert à vaincre la résistance de leur bouche; la privation de nourriture et de boisson dompte la violence de leur corps; les coups de bâton soumettent leur esprit. Après cela, ils se trouvent parfaitement domptés.

— Après avoir ainsi dompté un éléphant, demanda le *Bouddha*, à quoi l'emploie-t-on?

— Quand un éléphant est une fois dompté, répondit-il, il est propre à traîner le char du roi ; on peut aussi le faire combattre ; il avance et recule à volonté, sans que rien ne l'arrête.

— N'y a-t-il que ces trois moyens? Y en a-t-il encore d'autres?

— Voilà, répliqua le chef des marchands, à quoi se réduit l'art de dresser les éléphants. »

Le *Bouddha* dit encore au chef des marchands : « Vous ne savez que dompter les éléphants ; savez-vous vous dompter vous-même?

— Je ne sais pas bien ce que c'est que se dompter soi-même, répondit-il. Qu'entendez-vous par là?

— Moi aussi, dit le *Bouddha*, j'ai trois moyens sûrs pour dompter les hommes et me dompter moi-même au point d'arriver à un calme complet. D'abord, par une sincérité parfaite, je réprime les écarts de ma bouche; ensuite, par la bienveillance et la chasteté, je dompte la roideur et les dérèglements de mon corps ; enfin, par des exercices intellectuels, j'éveille l'activité de mon esprit. »

(Extrait de l'ouvrage intitulé : *Fa-kiu-pi-yu-king*.)

XVI

LE BRÂHMANE ET LA RELIGIEUSE.

(De ceux qui travaillent à leur perfection intérieure.)

Il y avait un brâhmane qui, pour se mortifier, portait constamment un vêtement grossier, et faisait subir à son corps cinq sortes de brûlures. C'est pourquoi les hommes de son temps l'avaient surnommé *Bhângakadagdha*[1]. A cette époque, une

---

[1]. En chinois *Leou-ho-tchi*, mot formé de *Leou-ho*, vêtement grossier de fil de chanvre, et de *tchi*, brûlé. Je ne puis garantir le nom sanscrit. J'ai tiré le mot

Bhikchoun'ï (religieuse bouddhiste) l'ayant vu, lui parla ainsi : « Vous ne brûlez point ce qui doit être brûlé, et vous brûlez ce qui ne doit pas être brûlé. »

En entendant ces mots, le brâhmane fut transporté de colère, et lui dit : « Misérable tondue, qu'entendez-vous par ce qu'il faut brûler ?

— Si vous voulez savoir, lui dit-elle, l'endroit qu'il faut brûler, *brûlez* seulement la colère de votre cœur. Si vous pouvez *brûler* votre cœur, ce sera un cœur pur et sincère. Quand un bœuf est attelé à un char, si le char ne marche pas, il faut frapper le bœuf, et non le char. Le corps est

Bhángaka, vêtement de fil de chanvre, du Dictionnaire *Mahávyoutpatti*, fol. 207. *Dagdha* est le mot sanscrit le plus usité pour dire *brûlé*.

comparable au char, et le cœur à ce bœuf. Il faut conclure de là que vous devez brûler votre cœur. A quoi bon torturer votre corps? Le corps est comme une pièce de bois inerte, comme un mât de navire; si vous le brûlez, à quoi cela vous avancera-t-il? »

(Extrait de l'ouvrage intitulé : *Ta-tchoang-yen-king-lun*, livre II.)

XVII

LE KCHATTRIYA ET SES DEUX HÉRITIERS.

(N'ayez pas d'entêtement stupide.)

Dans le royaume de *Mâla*, il y avait un *Kchattriya* [1], qui était tombé gravement malade. Voyant approcher sa fin, il appela ses deux fils et leur fit la recommandation suivante : « Quand je ne serai plus, ayez soin de bien partager mon héritage. »

Les deux fils suivirent ses instructions, et,

---

1. Homme de la caste militaire et royale.

quand il fut mort, ils firent deux parts de sa fortune. Mais l'aîné prétendit que le cadet n'avait pas fait un juste partage. Dans ce moment, survint un vieux paysan qui leur dit : « Votre père vous a ordonné de partager d'une manière égale les objets qu'il a laissés. Pour cela, vous n'avez qu'à les diviser en deux, par exemple : vous fendrez en deux chaque vêtement, vous casserez en deux les plats et les bouteilles, vous partagerez en deux morceaux les cruches et les jarres, vous diviserez en deux les pièces de monnaie. De cette façon vous aurez partagé également en deux tout l'héritage de votre père. »

Les deux fils suivirent sottement ce conseil et devinrent la risée du public.

(Extrait de l'ouvrage intitulé : *Pe-yu-king*, ou le Livre des cent comparaisons, partie II.)

XVIII

LE SAGE ET LE FOU.

(De la prudence et de l'hébétude d'esprit.)

Dans un certain royaume, il y avait deux hommes, l'un sage et l'autre fou. Ils se dirent entre eux, « puisque nous sommes parents, sortons ensemble de la ville, et allons ramasser du riz, et nous enrichir. »

Ils partirent de compagnie, et, étant arrivés dans un village désert, ils virent par terre des tiges de chanvre. Le sage dit au fou : « Prenons ensemble de ce chanvre et emportons-le. »

Ces deux hommes en prirent chacun une charge. Ayant passé ensuite par un village situé en face de la chènevière, ils virent des bottes de fils de chanvre. Le sage dit : « Les fils de chanvre servent à faire des étoffes fines et légères ; il faut en prendre. »

Son compagnon lui dit : « J'ai déjà pris des tiges de chanvre, et ma charge est solidement attachée ; je ne puis l'abandonner. »

Le sage prit aussitôt un lourd paquet de fils de chanvre et s'en alla. Ils se remirent en route, et aperçurent, un peu plus loin, de la toile de chanvre. Le sage dit : « La toile de chanvre est une étoffe fine et légère ; il faut en prendre.

— J'ai déjà pris des tiges de chanvre, repartit l'autre, et mon paquet est solidement attaché; je ne puis l'abandonner. »

Le sage laissa les fils de chanvre et prit la toile. Ils continuèrent leur route et virent des fruits de cotonnier. Le sage dit : « Le coton est d'un prix élevé, il est léger et fin; il faut en prendre.

— J'ai déjà pris des tiges de chanvre, répondit le fou et mon paquet est solidement attaché. J'ai fait un long voyage en le portant; je ne puis l'abandonner. »

Le sage laissa aussitôt la toile de chanvre et prit des fruits de cotonnier. En poursuivant leur route, ils virent successivement des fils de coton, de la toile de coton, du cuivre blanc, de l'argent blanc, du métal jaune (de l'or). Le sage dit : « Si l'on ne trouve pas de l'or, il faut prendre de l'argent blanc; si l'on ne trouve pas de l'argent blanc, il faut prendre du cuivre blanc. Quant aux fils de chanvre, si l'on n'en trouve pas, il faut se contenter des tiges. Maintenant, dans ce village, il y a une grande quantité d'or, qui est le plus précieux de tous les métaux. Il faut que vous laissiez vos tiges de chanvre, et moi ma charge d'argent. Nous prendrons tous deux un lourd poids d'or et nous nous en reviendrons.

— J'ai pris ces tiges de chanvre, repartit l'autre; mon paquet est solidement attaché, et j'ai fait un long voyage en le portant; je ne puis l'abandonner. Si vous voulez prendre de l'or, vous pouvez suivre votre idée. »

Le sage laissa l'argent, prit une lourde charge d'or et s'en retourna. Ses parents voyant de loin cet homme chargé d'or, furent remplis de joie et allèrent au-devant de lui. L'homme qui apportait de l'or, voyant ses parents accourir à sa rencontre, sentit redoubler sa joie. Quant au fou qui s'en revenait chargé de tiges de chanvre, ses parents ne se réjouirent pas à sa vue, et ne se levèrent point pour aller au-devant de lui. L'homme qui apportait des tiges de chanvre se sentit accablé de douleur et d'indignation.

(Extrait de l'ouvrage intitulé : *Tchang-han-king* (Dîrghâgama soûtra), livre VII.)

XIX

LE CHACAL ET LA CRUCHE DE BOIS.

(De ceux qui s'attirent eux-mêmes leur malheur.)

Il y avait un brâhmane qui, par un sentiment d'humanité, avait fait construire un puits au milieu d'une plaine déserte, dans l'intérêt des bergers et des voyageurs. Tout le monde allait au puits pour boire et se laver. Un jour, vers le coucher du soleil, une troupe de chacals vint auprès du puits et but un reste d'eau qui était tombée à terre. Le chef des chacals ne but point de cette eau; il enfonça sa tête dans une cruche de terre, qui était placée à côté du puits, et but de l'eau qu'elle contenait. Quand il eut fini de boire, il garda la cruche sur sa tête, l'éleva en haut et la brisa en la frappant contre le sol, mais sa tête resta passée dans le large goulot de la cruche. Les autres chacals dirent à leur chef : « Si les feuilles humides d'un arbre pouvaient servir à quelque chose, il faudrait encore les conserver; à plus forte raison auriez-vous dû respecter cette cruche qui rendait un si grand service aux voyageurs. Pourquoi l'avoir brisée?

— C'est pour mon plaisir que j'ai fait cela, répondit le chef des chacals; je ne recherche que mon contentement; comment pourrais-je prendre souci d'autre chose ? »

En ce moment, un voyageur dit au brâhmane : « Voilà votre cruche brisée. » Il en remit une autre, qui eut le même sort que la première. Le chacal en brisa de suite jusqu'à quatorze. Ses compagnons lui ayant adressé maintes fois des représentations, il fit la sourde oreille et n'en tint aucun compte. Le brâhmane songea alors en lui-même et dit : « Qui est-ce qui brise toutes mes cruches ? Il faut que j'aille l'épier. » C'était justement notre chacal. Le brâhmane se dit alors : « J'avais établi ce puits pour le bien des hommes, et voilà qu'on met obstacle à mes bonnes intentions. » Cela dit, il fit fabriquer une cruche de bois fort solide et difficile à briser, où la tête pût entrer et d'où elle ne pût sortir qu'avec peine. Il porta sa cruche au bord du puits, et, s'armant d'un bâton, il se retira à l'écart et épia le coupable. Quand les voyageurs eurent fini de boire, le chef des chacals enfonça, comme auparavant, sa tête dans la cruche.

A peine eut-il bu, qu'il la frappa contre terre sans pouvoir la briser. En ce moment le brâhmane l'accabla de coups de bâton et le tua.

Du milieu des airs, un dieu prononça ces Gâthâs [1] :

« Des êtres intelligents ont parlé avec bienveillance, mais le méchant n'a point écouté leurs représentations.

---

1. Le mot sanscrit *gâthâ*, signifie *vers, stance*.

« En persistant dans son entêtement stupide, il s'est attiré ce malheur.

« Voilà comment un chacal imbécile a éprouvé le supplice de la cruche de bois. »

(Extrait du livre XLV de l'Encyclopédie *Fa-youen-tchou-lin.*)

XX

L'HOMME ET LES SERPENTS VENIMEUX.

(Il faut fuir le malheur.)

Un roi ayant mis quatre serpents venimeux dans un coffre, ordonna à un homme de les nourrir, de surveiller leur coucher et leur lever, et de leur frotter et laver le corps, et lui dit : « Si vous irritez un seul serpent, je vous ferai mettre à mort, conformément aux lois, sur la place publique. »

En entendant les ordres pressants du

roi, cet homme fut saisi de terreur; il laissa le coffre et s'enfuit. Le roi envoya alors à sa poursuite cinq *Tchân'd'âlas* [1] armés d'un sabre. Cet homme s'étant retourné, aperçut derrière lui les cinq hommes qui le poursuivaient et redoubla de vitesse. En ce moment, les cinq *Tchân'd'âlas* imaginèrent un cruel stratagème. Ils cachèrent leurs sabres et envoyèrent secrètement l'un d'eux, qui dit au fuyard d'un ton doux et affectueux : « Vous pouvez revenir sans crainte. » Cet homme ne le crut point et se retira dans un village pour s'y cacher. Quand il y fut entré, il examina furtivement les habitations, et n'y vit personne. Il prit des vases de

1. Le mot sanscrit *Tchân'd'âla* désigne un homme d'une condition abjecte, qu'on pouvait employer à exécuter des actes cruels ou odieux aux autres hommes.

cuisine, mais ils étaient tous vides. Ne voyant personne et n'ayant trouvé aucun aliment, il s'assit tristement par terre. En ce moment, une voix sortit du milieu des airs et lui dit avec un accent terrible : « Ce village est désert et sans habitants. Cette nuit même, il doit venir six affreux brigands ; s'ils vous rencontrent, vous êtes un homme mort. C'est à vous de voir comment vous pourrez leur échapper. »

Cet homme fut saisi d'une nouvelle terreur ; il quitta le village et s'enfuit. Mais, en route, il rencontra un fleuve impétueux. N'ayant ni barque ni radeau, il puisa dans sa crainte même un moyen de salut. Il ramassa des plantes et des branches d'arbre, et se construisit un radeau. Puis il se dit en lui-même : « Si je fusse resté, les serpents venimeux, le *Tchân'd'âla* qui feignait des dispositions amicales, ou les six affreux brigands, m'auraient fait périr. Si je veux passer ce fleuve et que mon radeau soit trop faible, j'enfoncerai dans l'eau et je mourrai. Mais il vaut mieux se noyer que de périr par le venin des serpents ou le fer des brigands. »

Cela dit, il pousse son radeau, le dirige au milieu de l'eau, s'y appuie, et faisant usage des pieds et des mains, il fend les flots, s'éloigne et parvient au rivage. Se voyant en sûreté et hors de danger, il s'abandonne à la joie et se sent délivré de toute crainte.

(Tiré de l'Encyclopédie *Fa-youen-tchou-lin*, livre LXI.)

XXI

LE LION ET LE SANGLIER.

(Fuyez le contact des hommes vicieux.)

Il y avait jadis un sanglier qui s'appelait *Mahôdara*. Ce *Mahôdara*, conduisant une troupe de sangliers, entra dans une plaine sauvage. Tout à coup, au milieu de la plaine, il rencontra un lion. Le lion voyant le sanglier, lui adressa la parole et lui dit : « Je suis le roi des animaux ; écartez-vous sur-le-champ de ma route.

— Vous m'ordonnez, répondit *Mahôdara*, de m'écarter de votre route; cela est inconvenant. Si vous voulez que je lutte avec vous, je ne reculerai certainement pas. Eh bien! arrêtez-vous un instant et attendez que j'aie revêtu ma cuirasse.

— Êtes-vous, lui dit le lion, d'une haute naissance? Quel grand nom portez-vous, pour oser ainsi me provoquer au combat? Quant à la cuirasse que vous voulez revêtir, vous pouvez suivre votre idée. »

En ce moment, *Mahôdara* se jeta dans un bourbier infect, et s'étant couvert tout le corps de fange, il revint devant le lion et lui dit : « Je suis prêt à lutter contre vous.

— Je suis le roi des animaux, répondit le lion à *Mahôdara*, et je fais habituellement ma nourriture des cerfs et des daims.

Quant à ceux qui sont petits et faibles, je les laisse et dédaigne de les manger. A plus forte raison vous repousserai-je, vous dont tout le corps est souillé de boue et d'ordures. Si je luttais avec vous, je me salirais honteusement. »

En ce moment, le lion prononça ces *gâthâs* :

« Vous avez un corps naturellement sale, et aujourd'hui, après y avoir ajouté d'infectes ordures, vous voulez lutter avec moi. Si j'acceptais cet ignoble défi, je me dégraderais jusqu'à vous. »

(Extrait de la seconde partie du livre sacré *Ta-tching-kiu-wang*.)

XXII

LE CHAMP DE RIZ ET SES GARDIENS.

(Vengez-vous par des bienfaits.)

Sur le bord d'un chemin voisin d'une ville, il y avait un champ de riz qui était chaque jour pillé par les hommes, les éléphants et les chevaux. Le maître du champ ordonna à un homme de faire bonne garde, mais comme ce dernier surveillait le champ avec négligence, il porta le nombre des gardiens à deux, à trois, à quatre, à cinq, à dix, à vingt, et alla jusqu'à cent; mais plus il y avait de gardiens, plus le champ était pillé. A la fin, le maître fit cette réflexion : « Puisque ces surveillants ne gardent nullement le champ, il faut, par un moyen habile, empêcher qu'on ne le ravage. »

Il prit aussitôt des gerbes de riz et les leur donna lui-même de sa propre main. Ceux-ci, honteux de leur conduite, cessèrent de voler les grains, et le reste de la récolte fut sauvé.

(Extrait du livre intitulé : *Ta-fa-kou*, ou le grand tambour de la loi, partie II.)

XXIII

LE CHACAL PRUDENT.

(Il faut savoir sacrifier une partie pour sauver le tout.)

Un chacal, qui vivait au milieu des bois, suivait assidûment les lions, les tigres et les léopards, pour se nourrir des restes de leurs proies. Se trouvant une fois au dépourvu, il sauta, au milieu de la nuit, pardessus un mur, et entra dans l'intérieur d'une maison pour y chercher de la chair fraîche. N'en ayant point trouvé, il se blottit dans un coin pour dormir et ne fit qu'un somme.

Quand la nuit fut passée, il se sentit dévoré d'inquiétude et à court de ruses. « Si je m'enfuis, dit-il, j'ai peur de ne pouvoir me sauver; si je reste, je redoute les douleurs de la mort. » En achevant ces mots, il se décide à faire le mort, et s'étend tout de son long par terre. Une multitude de gens étant venue le voir, il y eut un homme qui dit : « J'ai besoin des oreilles d'un chacal, » et tout de suite il les coupa et les prit.

Le chacal se dit en lui-même : « Quoique l'amputation de mes oreilles ait été bien douloureuse, ma vie reste intacte. » Puis vint un autre homme qui dit : « J'ai besoin de la queue d'un chacal, » et aussitôt il la coupa et partit.

Le chacal réfléchit encore, et se dit : « Quoique l'amputation de ma queue m'ait bien fait souffrir, c'est encore une bagatelle. »

Enfin, vint un homme qui dit : « J'ai besoin des dents d'un chacal. »

Le chacal songea en lui-même et dit : « Les demandeurs ne font que s'accroître. Si quelqu'un venait prendre ma tête, c'en serait fait de ma vie. »

A ces mots, déployant toute l'énergie de sa prudence, il s'élance de terre d'un seul bond, franchit agilement la porte et trouve son salut dans la fuite.

(Extrait de l'ouvrage intitulé : *Ta-tchi-tou-lun*, livre XIV.)

XXIV

LE COTONNIER
ET LE FIGUIER DE L'INDE (NYAGRÔDHA).

(Rien de plus précieux que la vie.)

Dans un champ inculte, il y avait un arbre appelé *Che-mo-li* (Çâlmali — Cotonnier). Comme ses branches étaient larges et fortes, une multitude d'oiseaux venait la nuit y chercher asile. Une colombe, étant venue après les autres, s'arrêta sur une branche, qui se rompit sur-le-champ.

L'esprit d'un lac voisin interrogea l'esprit de l'arbre et lui dit : « Vous pouvez bien porter de grands oiseaux tels que les aigles et les vautours, comment se fait-il que le poids d'un petit oiseau soit au-dessus de vos forces ?

— Cet oiseau, répondit l'esprit de l'arbre, vient de quitter l'arbre *Nyagrôdha* (figuier de l'Inde), qui est mon mortel ennemi [1]. Après avoir mangé les fruits de cet arbre, il vient se percher sur moi. Il ne manquera pas d'en laisser tomber des graines à terre avec sa fiente. L'arbre que j'abhorre repoussera à mes côtés et me

1. On a dit de cet arbre : *Quot rami, tot arbores.* Sa végétation est si vigoureuse et si rapide qu'il étouffe bientôt tous les faibles arbustes qui l'entourent. C'est ce fait qui explique ici l'inimitié du Cotonnier.

causera un mal immense. Voilà pourquoi je me suis volontairement rompu sous le poids de cet oiseau. Ému de douleur et de crainte, j'ai mieux aimé sacrifier une seule branche que de compromettre l'arbre tout entier. »

(Extrait de l'ouvrage intitulé : *Ta-tchi-tou-lun*, livre XXVII.)

XXV

LA PROMESSE VAINE ET LE VAIN SON.

(N'estimez que ce qui est vrai et réel.)

Un musicien faisait un jour de la musique devant un roi, qui lui promit mille pièces d'or. Il demanda ensuite cette somme au roi, mais le roi la lui refusa.

« Tout à l'heure, lui dit le roi, vous avez fait de la musique, et vous avez réjoui mon oreille par de vains sons. Si je vous accordais la somme promise, je vous donnerais quelque chose de solide pour du bruit. »

(Extrait de l'ouvrage intitulé : *Yang-kiu-mo-lo-king*, en sanscrit, *Angoulimâlyasoûtra*, livre II.)

XXVI

LE LION, LE TIGRE ET LE CHACAL.

(Craignez les calomniateurs.)

Il y avait jadis deux animaux féroces qui faisaient société ensemble. L'un s'appelait le lion *Soudancht'ra*, et l'autre le tigre *Sougraha*. Nuit et jour, ils épiaient et prenaient des cerfs et des daims. Dans ce même temps, il y avait un chacal qui marchait derrière ces animaux, et vivait des restes de leurs proies.

Un jour, il se dit en lui-même : « Je ne puis les suivre longtemps. Il faut que je les brouille et les déchaîne l'un contre l'autre, pour qu'à l'avenir ils ne marchent plus côte à côte. »

Il alla trouver, dans sa demeure, le lion *Soudancht'ra* et lui parla ainsi : « Le tigre *Sougraha* m'a dit qu'il était supérieur à vous, par le lieu de sa naissance, par sa famille, par la beauté de son corps, par sa force et sa puissance.

— Comment cela, lui demandai-je ?

— Chaque jour, dit-il, je trouve des mets succulents. Le lion *Soudancht'ra* marche à ma suite et il est heureux de vivre de mes restes.

— Comment avez-vous pu savoir cela ? lui demanda *Soudancht'ra*.

— Vous deux, répondit-il, vous vous réunissez dans le même endroit. Je vous ai vus, et j'ai pu m'en convaincre moi-même. »

Il alla ensuite trouver le tigre *Sougraha* et lui parla ainsi : « *Soudancht'ra* m'a dit l'autre jour : « Maintenant je l'emporte sur « *Sougraha* par le lieu de ma naissance, « par ma famille, par ma force et ma puis-« sance. — Comment cela ? — Je me repais « de chairs succulentes, et le tigre *Sougraha* « mange mes restes pour se nourrir. »

— Comment savez-vous cela ? lui demanda *Sougraha*.

— Vous deux, répondit-il, vous vous réunissez dans le même lieu ; je vous ai vus, et j'ai pu m'en convaincre par moi-même. »

Quelque temps après, comme le lion et le tigre se trouvaient ensemble dans le même endroit, ils se regardèrent mutuellement d'un œil irrité.

Le lion *Soudancht'ra* se dit en lui-même : « Je ne puis m'empêcher d'interroger mon compagnon ; puis, je commencerai par mettre la patte sur lui et je l'étranglerai. »

Il se tourna vers le tigre et prononça ce *gâthâ* : « Par la beauté de mon corps, par ma naissance, et par ma grande force, je l'emporte sur le lion. « *Soudancht'ra* ne « me vaut pas. » *Sougraha* a-t-il dit cela ? Je pense en moi-même que cela vient absolument du chacal qui voudrait nous déchaîner l'un contre l'autre. »

Le tigre *Sougraha* ayant prononcé un

gâthâ dans le même sens, le lion *Soudancht'ra* se jeta sur le chacal et le tua.

Dans ce temps-là, le *Bouddha* dit aux religieux : « Ces deux animaux avaient été désunis par le chacal. Quand ils se trouvèrent ensemble dans le même endroit, ils se regardèrent l'un l'autre d'un œil irrité. A plus forte raison, les hommes qu'un autre aura désunis, ne pourront s'empêcher de lui montrer leur indignation. »

(Extrait de l'Encyclopédie *Fa-youen-tchou-lin*, livre LXXVI.)

XXVII

LE ROI ET L'ÉLÉPHANT.

(Fuyez le feu des passions.)

Il y avait un roi nommé *Raçmi*. Un jour, il monta sur un éléphant doux et bien dressé, et se mit en route pour faire un voyage d'agrément. Précédé et suivi d'un cortége de bayadères qui dansaient et faisaient retentir l'air de leurs chants, il se dirigeait vers une montagne par des sentiers âpres et difficiles. L'éléphant que montait le roi, ayant aperçu de loin un éléphant femelle, se sentit brûler par les feux de l'amour, poussa de sourds mugissements, et s'enfuit furieux avec la rapidité des nuages qu'emporte le vent; dans sa course impétueuse, il n'évitait plus les chemins rudes et scabreux. En ce moment, le cornac eut beau le frapper avec son croc, il ne put l'arrêter. Le roi *Raçmi* fut saisi d'épouvante. « Sire, lui dit le cornac, saisissez une branche d'arbre; il n'y a pas d'autre moyen de salut. » Le roi suivit ce conseil et s'accrocha à une branche d'arbre. L'éléphant continua sa course et se mit à la poursuite de l'éléphant femelle. Le roi éprouva une vive colère et parla ainsi au cornac : « Vous m'aviez dit d'avance que cet éléphant était doux et bien dressé, et que je pouvais le monter. Pourquoi m'avez-vous trompé en me donnant cet éléphant furieux ? »

Le cornac joignit les mains et dit au roi : « Cet éléphant furieux n'a pas été dressé par moi.

— A qui la faute, reprit le roi, si ce n'est pas vous qui l'avez dressé ?

— Sire, répondit-il, lorsqu'un éléphant est emporté par un violent amour qui aveugle son cœur, je ne saurais le dompter. Sachez bien, grand roi, que cette passion ardente est une maladie que ni le bâton ni les coups de croc ne pourraient guérir. De même lorsqu'un homme laisse dominer son cœur par la violence de l'amour, il devient indomptable comme cet éléphant. »

(Extrait de Ta-tchoang-yen-king-lun, en sanscrit : Soûtrâlângkara çâstra, livre IX.)

XXVIII

LE MARCHAND RUINÉ DANS UN NAUFRAGE.

(La vie est le plus grand des biens.)

Un marchand s'était embarqué pour aller recueillir des pierres précieuses; mais, à la fin de ses voyages, au moment de prendre terre, son vaisseau se brisa contre les écueils, et tous ses trésors périrent. Il leva les mains dans un transport de joie et s'écria : « J'ai failli perdre le plus grand de mes trésors! »

Ses compagnons en furent stupéfaits et lui dirent : « Vous avez perdu toutes vos richesses, et c'est à peine si vous avez pu échapper nu. Pourquoi dites-vous d'un ton joyeux : « J'ai failli perdre le plus « grand de mes trésors? »

— Mes amis, leur dit-il, parmi tous les trésors du monde, c'est la vie qui tient le premier rang. »

(Extrait de l'ouvrage intitulé : *Ta-tchi-tou-lun*, livre XIII.)

XXIX

LES VILLAGEOIS ET LA CONQUE MARINE.

(Rien ne se fait tout seul.)

Jadis, il y avait un royaume où l'on n'avait jamais entendu les sons de la conque marine. Un jour, un homme, qui savait en jouer, arriva dans ce royaume; étant entré dans un village, il prit sa conque, et, après l'avoir fait résonner trois fois, il la posa à terre. Les villageois et villageoises ayant entendu les sons de la conque, éprouvèrent une vive émotion. Ils accoururent et lui dirent : « Quel est ce son tantôt triste et plaintif, tantôt doux et harmonieux ? »

Cet homme leur montra la conque et dit : « C'est le son de cet objet. »

Les villageois touchèrent la conque avec la main et s'écrièrent : « C'est vous qui produisez des sons, car, toute seule, la conque est muette. »

L'homme prit la conque, et en joua trois fois de suite; puis il la posa à terre. Les villageois lui dirent alors : « Les sons charmants que nous venons d'entendre ne sont point dus à la vertu de la conque, car elle ne résonne qu'avec l'aide des mains, de la bouche et du souffle de l'homme. »

(Extrait de l'ouvrage intitulé : *Fo-pan-ni-pan-king*, en sanscrit : le *Parinirvân'a soûtra* expliqué par le *Bouddha*, livre I.)

XXX

LE RELIGIEUX ET LE DÉMON.

(Ne recherchez pas les hommes puissants.)

Il y avait jadis un religieux qui avait été chassé de son couvent. Rempli de chagrin et de colère, il s'abandonnait aux sanglots, et cheminait lentement en poussant des cris douloureux. Sur sa route, il rencontra un démon qui, pour avoir commis un crime, avait lui-même été chassé par le roi des dieux, *Vâiçravan'a*.

Ce démon interrogea le religieux et lui dit : « Que vous est-il arrivé pour marcher ainsi en pleurant? »

Le religieux lui dit : « Pour une légère infraction à la discipline, j'ai été chassé par l'assemblée des religieux, et j'ai perdu à jamais les dons et les offrandes des bienfaiteurs du couvent. De plus, mon ignominie va se répandre de tous côtés. Voilà l'unique cause de mes pleurs et de mes gémissements.

— Je puis, reprit le démon, vous mettre en état d'effacer votre déshonneur, et d'obtenir en abondance des dons et des offrandes. Vous n'avez qu'à vous placer debout sur mon épaule gauche ; je vous transporterai à travers les airs, et je ferai en sorte que les hommes ne voient que vous, et n'aperçoivent pas mon corps. Mais si vous obtenez en abondance des dons et des offrandes, il faudra que vous commenciez par me les donner. »

Ce démon transporta d'abord le religieux au-dessus du village d'où il avait été chassé. Les habitants, le voyant marcher au milieu des airs, en furent émus et émerveillés, et pensèrent qu'il avait obtenu l'intelligence (qu'il était devenu un *Bouddha*). Ils se dirent alors entre eux : « Les religieux ont agi d'une manière odieuse en chassant injustement ce religieux. » Puis, ils coururent au couvent, et accablèrent les religieux de reproches et d'invectives. Sur-le-champ, les religieux conduisirent ce *Bhikchou* et l'installèrent dans le couvent, où il fut comblé de dons et d'offrandes.

Le *Bhikchou*, à mesure qu'il recevait des habits et des aliments, les donnait immédiatement au démon, et obéissait fidèlement au pacte qu'il avait fait. Un autre jour, le démon ayant encore promené le *Bhikchou* au milieu des airs, il fut justement aperçu par des démons qui étaient attachés au service du roi des dieux, *Vâiçravan'a*, Notre démon, se voyant découvert, fut saisi d'effroi, jeta à bas le *Bhikchou* et s'enfuit de toutes ses forces. Le pauvre religieux, étant tombé sur la terre, se brisa la tête et mourut.

Les novices apprendront par cet exemple qu'ils doivent se perfectionner sans cesse, et poursuivre leur but sans hésiter. S'ils recherchaient la protection d'un homme riche et puissant, et qu'un beau matin il vînt à succomber, ils auraient le même sort que ce religieux.

(Extrait de l'ouvrage intitulé : *Tchong-king-siouen-tsi-pi-yu-king*.)

XXXI

LE MARCHAND ET SON BÂTON.

(De ceux qui font d'heureuses rencontres.)

Il y avait jadis un chef de marchands qui s'était embarqué pour aller recueillir des pierres précieuses. A la même époque, cinq cents hommes le suivirent pour voyager avec lui. Le chef des marchands leur dit : « Au milieu des mers, il y a cinq sortes de dangers, savoir : l'impétuosité des flots, les tourbillons d'eau, les poissons monstrueux, les démons femelles et les fruits qui enivrent. Si vous vous sentez la force de triompher de ces cinq dangers, vous pouvez venir avec moi. »

Tous les autres hommes l'ayant sollicité avec instance, il profita d'un vent favorable, mit à la voile et partit.

Quand ils furent arrivés à l'île des pierres précieuses (Ceylan), chacun se mit à en recueillir. L'un d'entre eux, n'ayant pu résister aux parfums séduisants des fruits, s'enivra tout d'un coup et resta immobile pendant sept jours. Tous les autres, se voyant assez de pierres précieuses, voulurent, au premier vent, prendre la mer et s'en retourner. On battit le tambour pour rassembler tout le monde, mais il manquait un homme. Après l'avoir cherché de tous côtés, on le trouva endormi au pied d'un arbre. Comme il n'était pas encore revenu de son ivresse, ils l'éveillèrent et soutinrent ses pas pour le remmener. Puis ils brisèrent une branche d'arbre, la lui donnèrent en guise de bâton, et revinrent ensemble dans leur royaume natal. A la nouvelle de leur arrivée, les parents de l'homme qui s'était enivré accoururent joyeusement au-devant de lui ; mais voyant qu'il n'avait rien rapporté, seuls, entre tous, ils s'abandonnèrent à la douleur. Ce même homme, accablé de tristesse, entra dans le marché en s'appuyant sur son bâton. Les gens du marché voulurent le lui acheter et allèrent jusqu'à vingt mille pièces d'or. Celui-ci le donna pour ce prix, et leur demanda quelle vertu avait ce bâton. « C'est une source de richesses, lui répondirent-ils. Si l'on pile ce bâton et qu'on le brûle, il suffit d'exposer à sa fumée des tuiles et des cailloux pour qu'ils se changent en pierres précieuses. »

(Extrait de l'ouvrage intitulé : *Tchong-king-siouen-tsa-pi-yu-king.*)

XXXII

LES DANGERS
ET LES MISÈRES DE LA VIE.

Jadis un homme qui traversait un désert, se vit poursuivi par un éléphant furieux. Il fut saisi d'effroi et ne savait où se réfugier, lorsqu'il aperçut un puits à sec près duquel étaient de longues racines d'arbre. Il saisit les racines et se laissa glisser dans le puits. Mais deux rats, l'un noir et l'autre blanc, rongeaient ensemble les racines de l'arbre. Aux quatre coins de l'arbre, il y avait quatre serpents venimeux qui voulaient le piquer, et au-dessous un dragon gorgé de poison. Au fond de son cœur, il craignait à la fois le venin du dragon et des serpents et la rupture des racines. Il y avait sur l'arbre, un essaim d'abeilles qui fit découler dans sa bouche cinq gouttes de miel; mais l'arbre s'agita, le reste du miel tomba à terre et les abeilles piquèrent cet homme; puis un feu subit vint consumer l'arbre.

L'arbre et le désert figurent la longue nuit de l'ignorance; cet homme figure les hérétiques; l'éléphant figure l'instabilité des choses; le puits figure le rivage de la vie et de la mort; les racines de l'arbre figurent la vie humaine; le rat noir et le rat blanc figurent le jour et la nuit; les racines de l'arbre rongées par ces deux animaux, figurent l'oubli de nous-mêmes et l'extinction de toute pensée; les quatre serpents venimeux figurent les quatre grandes choses [1]; le miel figure les cinq désirs [2]; les abeilles figurent les pensées vicieuses; le feu figure la vieillesse et la maladie; le dragon venimeux figure la mort. On voit par là que la vie et la mort, la vieillesse et la maladie sont extrêmement redoutables. Il faut se pénétrer constamment de cette pen-

1. La terre, l'eau, le feu, le vent. (Dictionn. *San-thsang-fa-sou*, livre XIX, fol. 6.)
2. Les désirs de l'amour; le désir de la musique; le désir des parfums; le désir du goût; le désir du toucher. (Dictionn. *San-thsang-fa-sou*, livre XXIV, fol. 6.)

sée, et ne point se laisser assaillir et dominer par les cinq désirs.

(Extrait de l'ouvrage intitulé : *Fo-pi-yu-king*, ou Livre des comparaisons, exposé par le *Bouddha*, section X.)

XXXIII

LA SERVANTE ET LE BÉLIER.

(Des malheurs inopinés.)

Il y avait jadis une servante, ménagère et diligente, qui préparait constamment pour son maître de la farine de grains torréfiés et des fèves. A la même époque, dans la maison de son maître, il y avait un jeune bélier qui, profitant des occasions favorables, mangeait une partie du blé et des fèves. La quantité ordinaire se trouvant diminuée, le maître était fort en colère contre cet animal, sachant bien que la servante qui avait sa confiance, n'avait point pris les grains, mais que c'était le bélier qui les avait mangés. C'est pourquoi la servante, qui soupçonnait constamment le bélier, prenait chaque fois un bâton et le frappait rudement. De son côté, le bélier conservait de la rancune contre la servante et venait la frapper à coups de cornes. Cette guerre du bélier et de la servante se répétait sans cesse. Un jour que la servante tenait du feu dans sa main [1], le bélier voyant qu'elle n'avait pas de bâton, courut droit sur elle pour l'attaquer encore. La servante, dans son trouble, jeta le feu qu'elle tenait

1. Il faut supposer que la servante tenait ce feu sur une pelle ou avec des pincettes.

sur le dos du bélier. Celui-ci sentant l'ardeur du feu, alla se frotter contre toute sorte d'objets. Un incendie brûla le village et s'étendit jusque dans les montagnes et les champs. A cette heure, cinq cents singes, qui se trouvaient au milieu de la montagne, furent enveloppés par les flammes, et n'ayant pas eu le temps de s'enfuir, ils furent tous consumés en un clin d'œil.

Alors, du haut des airs, un dieu prononça ces *Gâthâs* :

« Quand des gens irrités se disputent et se battent, il ne faut pas s'asseoir à côté d'eux.

« Lorsque deux béliers luttent ensemble, les mouches et les fourmis périssent au milieu d'eux.

« Une servante, en combattant contre un mouton, a causé la mort des singes.

« L'homme prudent éloigne de lui l'inimitié et les soupçons; il ne reste pas dans la société des sots. »

(Extrait de l'ouvrage intitulé : *Tsa-pao-thsang-king*, livre VIII.)

XXXIV

LES GRAINS ET LES ÉPIS.

(Examinez le droit et la raison.)

Un homme avait volé des épis dans un champ. Le propriétaire ayant saisi le voleur, lui demanda pourquoi il lui avait dérobé ses épis. Le voleur lui dit : « Je n'ai point volé d'épis à Votre Seigneurie. Vous avez semé des grains, et moi j'ai pris des épis; pourquoi me traitez-vous de voleur? »

Ces deux hommes s'étant présentés devant le roi, lui dirent : « Qui est-ce qui a raison et qui est-ce qui a tort ?

— C'est celui qui a semé des grains qui a raison, dit le roi; celui qui n'a pas semé de grains est dans son tort. La semence est l'origine des épis; comment celui qui n'a point semé pourrait-il obtenir des épis [1] ? »

(Extrait de l'ouvrage intitulé : *Na-si-pi-khieou-king*, livre II.)

---

1. L'ouvrage d'où est tirée cette histoire, en offre une autre absolument semblable, seulement le voleur a pris des fruits au lieu d'épis.

XXXV

LE RELIGIEUX ET LA TORTUE.

Jadis, lorsque le *Bouddha* vivait dans le monde, il y avait un religieux qui demeurait au bord d'un fleuve. Assis tranquillement sous un arbre, il s'appliquait à obtenir l'intelligence (*Bôdhi*). Douze ans s'étant écoulés sans qu'il se délivrât de la convoitise, il ne put obtenir l'intelligence. Le *Bouddha*, sachant qu'il était en état d'être converti, prit la figure d'un *Çraman'a*, se rendit auprès de lui pendant la nuit et s'endormit à ses côtés. Au bout de quelques instants, comme la lune brillait de tout son éclat, une tortue sortit d'un fleuve et vint au pied de l'arbre. Ensuite arriva une loutre affamée qui, cherchant de la nourriture, rencontra la tortue et voulut la dévorer.

Mais la tortue rentra sous sa carapace sa tête, sa queue et ses quatre pieds, de sorte que la loutre ne put en faire sa proie. La loutre s'étant un peu éloignée, la tortue sortit encore la tête et les pieds, et se mit à marcher comme auparavant. Se voyant encore menacée, elle déroba de nouveau sa tête et ses pieds, et échappa ainsi au danger.

Le religieux interrogea le personnage

transformé en *Çraman'a*[1], et lui dit : « Cette tortue, ayant une cuirasse qui protége sa vie, la loutre affamée n'a pu saisir l'occasion qu'elle cherchait. »

— Je pense, dit le *Çraman'a*, que les hommes n'ont pas la prudence de cette tortue. Ils ne songent point à la mort et s'abandonnent aveuglément aux six affections[2]. Les démons du dehors profitent de cette occasion. Le corps de l'homme périt et son âme l'abandonne.

(Extrait de l'ouvrage intitulé : *Fa-kiu-pi-yu-king*.)

1. Ce mot sanscrit signifie un religieux bouddhiste.
2. C'est-à-dire : Les affections qui naissent de la vue, de l'ouïe, de l'odorat, du goût, du (contact) du corps (*Sparça*) et de la pensée (*Kiao-ching-fa-sou*, livre VI, fol. 3.)

XXXVI

L'HOMME ET LE MORTIER MÊLÉ DE RIZ.

(Ne faites rien de trop.)

Jadis, un homme entra dans la maison d'un de ses amis. Il vit que les parois des chambres, crépies avec soin et le sol parfaitement uni, avaient une apparence propre et élégante. Il interrogea le maître de la maison et lui dit : « De quel mortier vous êtes-vous servi pour obtenir un si bel enduit ?

— J'ai pris, dit-il, de la balle de riz, et

je l'ai fait tremper dans l'eau jusqu'à ce qu'elle fût bien ramollie; puis je l'ai pétrie avec de la terre glaise et j'en ai enduit les murs, voilà comment j'y ai réussi. »

Cet homme, qui était un sot, se dit en lui-même : « Au lieu de se servir uniquement de balles de riz, il vaut mieux mêler le riz même avec de l'argile. Les murs deviendront parfaitement blancs, et l'enduit sera plus uni et plus beau. »

Cela dit, il pétrit du riz mondé avec de l'argile, et s'en servit pour enduire les murs de sa maison, dans l'espoir de les voir unis et brillants. Mais l'enduit des murs éclata et se fendit, de sorte qu'il fit un travail inutile et perdit tout son riz.

(Extrait du Livre des cent comparaisons, *Pe-yu-king*, Ire partie.)

XXXVII

**LE MAÎTRE DE MAISON
ET L'ACHETEUR DE MANGUES.**

(Ne faites rien de trop.)

Il y avait jadis un maître de maison, qui remit de l'argent à son domestique et l'envoya dans le jardin d'un voisin pour acheter des mangues dont la beauté lui faisait envie.

« Ayez soin, lui dit-il, de n'en acheter que de belles et de bonnes. »

Le domestique prit l'argent et s'en alla acheter les fruits demandés. Le maître du jardin lui dit : « Les fruits de cet arbre sont tous beaux et excellents ; il n'y en a pas un de mauvais. Il vous suffira d'en goûter un seul pour en être convaincu.

— Il faut, dit l'acheteur, que je les goûte l'un après l'autre; je ne les prendrai qu'à cette condition. Si je n'en goûtais qu'un seul, comment saurais-je qu'ils sont tous bons? »

Il prit donc les fruits, les goûta l'un après l'autre, et les apporta à son maître. Celui-ci les ayant vus, éprouva un profond dégoût et n'en mangea point, de sorte que toutes les mangues furent perdues.

(Extrait de l'ouvrage intitulé : *Pe-yuk-ing*, le Livre des cent comparaisons, partie II.)

XXXVIII

LE CAMPAGNARD ET LE SEL.

(Ne faites rien de trop.)

Il y avait un campagnard qui ne connaissait pas le sel. Ayant vu un voisin qui mangeait de la viande et des légumes après y avoir mis du sel, il l'interrogea et lui en demanda la raison. « C'est, répondit l'autre, que le sel communique aux choses un goût excellent. »

Le campagnard se dit en lui-même:

« Puisqu'un peu de sel communique aux choses un goût excellent, il faut qu'il ait par lui-même une bien grande saveur. »

Cela dit, il en prit une poignée, en remplit sa bouche et l'avala ; mais l'âcreté du sel lui brûla la bouche. « Comment avez-vous pu dire, demanda-t-il à son voisin, que le sel donnait un goût excellent ?

— Il faut, dit celui-ci à ce vrai nigaud, savoir en régler la quantité ; il donne alors un goût excellent. Pourquoi avez-vous avalé une quantité de sel ? »

(Extrait de l'ouvrage intitulé : *Ta-tchi-tou-lun* livre XXVIII.)

XXXIX

LE FOU ET LES FILS DE COTON.

(Ne faites rien de trop.)

Jadis un fou donna du coton à un filateur, et le pria de le filer extrêmement fin. L'ouvrier y mit tous ses soins, et lui livra des fils d'une ténuité extraordinaire; mais le fou en fut mécontent et les trouva trop gros. Le filateur se mit en colère, et lui montrant l'air du bout du doigt [1]; il lui dit : « Voici des fils extrêmement fins.

— Comment se fait-il que je ne les voie pas? demanda le fou.

— Ils sont tellement fins, reprit le filateur, que même mes meilleurs ouvriers ne sauraient les voir, à plus forte raison un étranger. »

Le fou fut transporté de joie. Il donna une nouvelle commande au filateur et le paya généreusement, quoique la chose montrée fût une pure chimère.

(Extrait de la biographie de *Kieou-mo-lo-chi*, en sanscrit *Koumâradjîva*.)

1. C'est-à-dire : faisant semblant de lui montrer avec le doigt quelque chose dans l'air.

XL

LA TÊTE ET LA QUEUE DU SERPENT[1].

(De ceux qui veulent quitter le rôle que la nature leur a assigné.)

Un jour, la tête et la queue d'un serpent se disputaient ensemble. La tête dit à la queue : « Je dois être la première. »

---

1. La même fable se trouve, mais fort abrégée, dans le livre XLVII, fol. 22, dans la section intitulée : « Du danger des dissentiments. »

La queue dit à la tête : « C'est moi qui dois être la première. »

La tête dit: « J'ai des oreilles et je puis entendre ; j'ai des yeux et je puis voir ; j'ai une bouche et je puis manger. Dans la marche, je vais en avant. Vous n'avez aucun de ces avantages. Voilà pourquoi je dois être la première. »

La queue dit: « C'est moi qui vous fais marcher ; sans moi, vous ne pourriez faire un pas. Si je ne marchais point, si je m'enroulais trois fois autour d'un arbre, et que je ne le quittasse point pendant trois jours, vous ne pourriez chercher votre nourriture, et vous ne tarderiez pas à mourir de faim. »

La tête dit à la queue : « Vous pouvez me laisser ; je vous permets d'être la première. »

En entendant ces mots, la queue l'abandonna. La tête parla de nouveau à la queue et lui dit : « Maintenant que vous êtes la première, je vous permets de marcher en avant. »

La queue se plaça donc en avant, mais à peine avait-elle fait quelques pas, qu'elle tomba dans une fosse profonde et y périt.

(Extrait de l'ouvrage intitulé : *Fa-youen-tchou-lin*, livre LXXVIII.)

XLI

LES OISEAUX ET L'OISELEUR.

(Du danger des dissentiments.)

Jadis, un oiseleur avait tendu ses filets dans un marais et y avait mis, pour appât, des aliments du goût des oiseaux. Une multitude d'oiseaux accourut à l'envi pour les manger. L'oiseleur tira les cordes de son filet et tous les oiseaux y tombèrent. Dans le nombre, il y en avait un qui était grand et fort; il enleva le filet et s'envola avec tous ses compagnons.

L'oiseleur voyant l'ombre du filet, la suivit et courut après eux. Un homme dit à l'oiseleur : « Les oiseaux volent dans les airs et vous les poursuivez à pied. Il faut que vous soyez fou.

— Pas tant que vous dites, répliqua l'oiseleur; quand le soir sera venu, ces oiseaux chercheront un gîte pour la nuit, et tous ne prendront pas la même direction; de cette façon, il faudra bien qu'ils tombent en mon pouvoir. »

Cet homme continua donc de les poursuivre sans s'arrêter un instant. Quand le soleil fut sur son couchant, il leva les yeux, et vit les oiseaux qui, tout en volant, se disputaient entre eux. Les uns voulaient voler vers l'orient, les autres vers l'occident ; ceux-ci voulaient se diriger vers une grande forêt, ceux-là du côté d'un ruisseau; leurs contestations n'avaient pas de fin. Un instant après, ils tombèrent sur la terre. L'oiseleur eut enfin son tour, il les prit tous et les tua.

(Extrait de l'ouvrage intitulé : *Tchou-king-siouen-tsi-pi-yu-king*, c'est-à-dire le Recueil des comparaisons tirées des livres sacrés.)

XLII

LE MARCHAND ET LE MIRAGE.

(De ceux qui sont sous l'empire d'une illusion.)

Pendant les chaleurs de l'été, il y avait un marchand qui, ayant perdu de vue ses compagnons, marchait seul derrière eux. Comme il n'avait ni parasol, ni souliers, la sueur découlait de son visage, ses lèvres et sa bouche étaient desséchées, et tout son corps était brûlé par l'ardeur du soleil.

Il ouvrait la bouche, allongeait la langue, et était dévoré par la soif. Il regardait de tous côtés, et son esprit troublé était le jouet de vaines illusions. Ayant aperçu dans le lointain des vapeurs épaisses[1], il les prit pour une rivière qu'il croyait peu éloignée. Il courut de toutes ses forces et arriva au milieu des vapeurs. Exténué de fatigue et encore plus tourmenté par la soif, il tomba dans un profond abattement. Lorsque le jour fut sur son déclin, il chercha de la fraîcheur, mais il ne vit

---

1. Suivant le dictionnaire *Yun-fou-kiun-yu* (livre XI, fol. 39), l'expression chinoise *ye-ma* (nuage de poussière) répond, dans les livres bouddhiques, à *Yang-yen*, que le dictionnaire *Mahávyoutpatti* donne pour synonyme du mot sanscrit *Mrigatrichá*, vapeur qui flotte au-dessus des sables, et qui de loin a l'apparence de l'eau (Wilson).

plus de vapeurs, et n'aperçut plus cette rivière bienfaisante qu'il avait rêvée. Lorsque son illusion se fut dissipée, il reconnut que ces vapeurs condensées ne provenaient que de l'excès des chaleurs de l'été.

Les personnes qui cultivent la vertu doivent réfléchir en elles-mêmes et dire : « Dans le principe, nous sommes dévorés par la soif des affections et des désirs, et nous les poursuivons sans relâche. Du commencement à la fin, nous nous laissons brûler par l'amour, et notre esprit égaré ne forme plus que des pensées pleines de doutes et d'erreurs. Enveloppés dans les filets de la folie, nous sommes séduits par un vain mirage qui nous captive et nous entraîne. Tant que cette illusion règne en nous, la convoitise reste attachée au fond de notre cœur.

(Extrait de l'ouvrage intitulé : *Sieou-khing-tao-ti-king*.)

XLIII

L'IDIOT ET SA FEMME.

(Des effets de l'illusion.)

Il y avait jadis un imbécile qui avait une femme d'une beauté remarquable. Il l'aimait tendrement, mais sa femme, qui n'était ni sage ni fidèle, se livra honteusement à d'autres hommes. Entraînée par la passion, elle voulut s'attacher à un voisin et abandonner son époux. Là-dessus, elle dit secrètement à une vieille femme : « Quand je serai partie, procurez-vous le cadavre d'une jeune femme, déposez-le dans ma maison, et dites à mon mari que je suis morte. »

Quelque temps après, la vieille femme, ayant épié un moment où le mari était absent, plaça un cadavre dans sa maison, et lorsqu'il fut de retour, elle lui dit : « Votre femme est morte. » Le mari alla la voir et crut que c'était sa propre femme. Il poussa des cris et s'abandonna à la douleur. Puis, il fit un bûcher qu'il arrosa d'huile, brûla le cadavre, et après en avoir recueilli les cendres, il les mit dans un sac qu'il tenait jour et nuit sur son cœur. Quelque temps après, sa femme, dégoûtée du voisin, revint dans sa maison et dit à son mari : « C'est moi qui suis votre femme.

— Ma femme est morte depuis longtemps, lui dit son mari. Qui êtes-vous pour venir me tromper ainsi ? »

La femme répéta jusqu'à deux et trois fois la même affirmation, mais il ne voulut point la croire.

Le mari imbécile ressemble à ces hérétiques qui, à force d'entendre des discours pernicieux, se plongent de plus en plus dans l'erreur. Ils les croient solides et vrais, et ne peuvent jamais se corriger. Quand ils entendraient la pure doctrine, ils ne sauraient y croire et l'observer.

(Extrait de l'ouvrage intitulé *Pe-yu-king*, ou le Livre des cent comparaisons, partie I.)

XLIV

L'HOMME BLESSÉ
PAR UNE FLÈCHE EMPOISONNÉE.

(De ceux qui ne savent pas aller droit à leur but.)

Il y avait un homme qui avait été atteint par une flèche empoisonnée. Ses parents, remplis pour lui d'affection et de pitié, voulurent lui procurer promptement le calme de l'âme et la santé. Ils allèrent chercher un médecin qui pût arracher la flèche empoisonnée et en arrêter les mortels effets. Mais le blessé leur fit ces observations : « On ne m'arrachera pas la flèche empoisonnée avant que je ne sache le nom de famille et le surnom de celui qui m'a blessé, si sa figure est belle ou laide, si sa taille est grande, petite ou moyenne, s'il a le teint noir ou blanc, si, par sa naissance, il appartient à la classe des *Kchattriyas*, des Brâhmanes, des riches marchands ou des artisans; s'il est de l'Orient ou de l'Occident, du Midi ou du Nord. On ne m'arrachera pas la flèche empoisonnée avant que je ne sache de quel bois était fait l'arc, s'il provenait d'un arbre *Sâla*, d'un *Tala* ou d'un *Kêlangouli*(?). Je ne veux pas qu'on m'arrache la flèche empoisonnée avant que je ne sache de quel animal venaient les nerfs qui ont servi à lier les différentes parties de cet arc ; si c'était un bœuf, un mouton où un *yak*. Je ne laisserai pas arracher la flèche empoisonnée avant que je ne sache si la poignée (le milieu) de l'arc était faite avec de l'ivoire ou avec du bois de jujubier. »

Pendant que le blessé perdait son temps au milieu de ces vaines questions, il ne s'aperçut point des progrès du poison et mourut sans secours.

(Extrait de l'ouvrage intitulé : *Tsien-yu-king* ou Livre des comparaisons empruntées à la flèche, chap. III.)

XLV

L'HOMME ET L'ARBRE FRUITIER.

(De ceux qui s'écartent de la raison.)

Il y avait jadis un homme qui possédait un bel arbre. Cet arbre était haut, large et d'une grosseur extraordinaire. Il produisait chaque année de beaux fruits, d'une odeur exquise et d'un goût délicieux. Un jour, un homme vint trouver le roi dans son palais. Le roi lui dit : « Cet arbre va donner bientôt des fruits excellents; pourriez-vous bien en manger?

— Cet arbre est large et élevé, répondit-il; quand je voudrais manger de ses fruits, comment pourrais-je les atteindre? »

Sur-le-champ, il coupa l'arbre au pied, dans l'espoir d'obtenir de ses fruits; mais il n'en trouva pas un seul de mûr et perdit sa peine. Il voulut ensuite dresser et replanter l'arbre, mais il était déjà desséché et mort, et ne possédait plus aucun principe de vie.

Voilà comment agissent les hommes du siècle. *Jou-laï* (le *Bouddha*), le roi de la loi, nous offre l'arbre de la conduite morale (*Çîlavrikcha*) qui peut produire des fruits d'une vertu supérieure. Si votre cœur est animé de la joie que causent les souhaits vertueux, si vous désirez obtenir ces fruits et les savourer, il faut adopter une conduite morale (*Çila*) et pratiquer toute sorte de bonnes œuvres. Si l'on ne comprend pas les expédients habiles de la sagesse, si, au contraire, on viole les règles de la discipline, on ressemble à cet homme qui coupa l'arbre au pied, et ne put jamais réussir à le faire revivre.

(Extrait de l'ouvrage intitulé : *Pe-yu-king*, ou Livre des cent comparaisons, partie I.)

XLVI

LE FOU ET L'OMBRE DE L'OR.

(De ceux qui s'écartent de la raison.)

Un jour, un fou alla dans un endroit où il y avait un grand étang. Il vit, au fond de l'eau, une ombre qui avait l'apparence d'un fragment d'or pur. Il s'imagina qu'il y avait réellement de l'or. Il entra dans l'eau, remua la vase et se mit à chercher. Après s'être fatigué sans rien trouver, il sortit de l'eau et s'assit. Quelques instants après, l'eau étant redevenue claire et pure, lui laissa voir encore la couleur de l'or. Il entra de nouveau dans l'étang, remua la vase et se remit à chercher, mais sans plus de succès qu'auparavant.

Le père appela son fils, et l'ayant rencontré au bord de l'eau, il lui dit : « Qu'avez-vous pour être à ce point harassé de fatigue?

— Mon père, répondit-il, comme il y a de l'or pur au fond de l'eau, je m'y suis jeté plusieurs fois ; j'ai voulu remuer la vase et m'en emparer, mais je me suis extrêmement fatigué sans pouvoir le trouver. »

Le père ayant regardé l'ombre de l'or pur qui apparaissait au fond de l'eau, reconnut qu'elle provenait d'un fragment d'or qui se trouvait sur un arbre voisin, et dont l'image se réfléchissait dans le miroir de l'étang. « Mon fils, lui dit-il, c'est évidemment un oiseau qui ayant dans son bec un morceau d'or, l'a posé en volant sur cet arbre. »

Sur-le-champ, obéissant au conseil de son père, il monta sur l'arbre et trouva le morceau d'or.

(Extrait du livre intitulé : Pe-yu-king, ou le Livre des cent comparaisons, partie II.)

XLVII

LE COURTISAN MALADROIT.

(De ceux qui s'écartent de la raison.)

Il y avait jadis un homme qui voulait gagner la faveur du roi. Il demanda à d'autres comment il fallait s'y prendre.

« Rien n'est plus aisé, lui dit quelqu'un ; le moyen de lui plaire est de l'imiter, même dans ses défauts. »

Cet homme ayant remarqué que le roi

clignait les yeux, il se mit à l'imiter et à cligner comme lui. Le roi lui dit :

« Avez-vous mal aux yeux, ou bien avez-vous gagné un coup d'air? Pourquoi clignez-vous ainsi?

— Je n'ai pas mal aux yeux et je n'ai pas non plus gagné un coup d'air, répondit-il ; j'ai seulement voulu gagner les bonnes grâces de Votre Majesté. Ayant remarqué que le roi clignait les yeux, j'ai tâché de l'imiter. »

A ces mots, le roi fut transporté de colère ; il ordonna à ses serviteurs de le rouer de coups et de l'expulser du royaume.

(Extrait de l'ouvrage intitulé : Fa-youen-tchou-lin, livre LIII.)

XLVIII

LE VIEILLARD PAUVRE
ET LA HACHE PRÉCIEUSE.

(De ceux qui méconnaissent le véritable emploi des choses [1].)

Il y avait jadis un vieillard pauvre et sans famille, qui n'avait aucun moyen d'existence. Étant allé un jour au marché,

---

1. Par exemple : celui qui lancerait une escarboucle pour tuer un moineau, qui se servirait d'un grand char pour transporter une souris, ou qui ferait cuire un poulet dans une chaudière assez grande pour contenir un bœuf. (Extrait du même ouvrage.)

il acheta une hache, qui était la chose la plus précieuse du monde ; mais il n'en connaissait pas la valeur. Il l'emporta et s'en servit pour couper des bâtons qu'il vendait afin de subvenir à ses besoins. A force de servir, la hache s'usa presque entièrement. Le vieillard rencontra un grand marchand d'un royaume étranger, qui s'appelait *Sarva*. Dès que celui-ci eut vu la hache, il en comprit la valeur et demanda au vieillard s'il voulait la vendre. « Elle me sert, répondit-il, à couper des bâtons pour gagner ma vie ; je ne la vends pas.

— Je vous donnerai cent pièces de soie, lui dit *Sarva;* pourquoi ne la vendriez-vous pas ?

— Je n'y puis consentir, répondit le vieillard.

—Pourquoi refuser mes offres? demanda *Sarva*. Je vous donnerai deux cents pièces de soie. »

Le vieillard parut désappointé et mécontent.

« Si vous trouvez que c'est trop peu, repartit *Sarva*, j'élèverai encore mes offres. Pourquoi paraissez-vous mécontent ? Je vous donnerai cinq cents pièces de soie. »

Le vieillard poussa de grands cris et dit en pleurant : « Je ne me plains pas du petit nombre des pièces de soie. Je suis un homme simple et borné. Cette hache était longue d'un pied et demi ; le tranchant est tellement usé qu'il n'a plus que cinq pouces de large ; c'est là la seule cause de mon chagrin. Je demande encore cinq cents pièces de soie.

« — Je ne veux pas que vous ayez de regrets, lui dit *Sarva*; je vous donnerai mille pièces de soie. »

Cela dit, il conclut le marché et emporta la hache, qui était la chose la plus précieuse du monde, sans s'inquiéter si le tranchant était large ou étroit. Il posa la hache sur un amas de bois sec auquel il mit le feu. Quand le bois fut consumé, la hache se trouva changée en un monceau de diamants d'une valeur inestimable.

(Extrait de l'ouvrage, intitulé : le Livre des comparaisons du roi *Açôka*.)

XLIX

LA MÈRE QUI VEUT SACRIFIER
SON FILS UNIQUE.

(De ceux qui se laissent aveugler par la convoitise.)

Il y avait jadis une jeune femme qui, ayant déjà un premier fils, eut le désir d'en avoir un second. Elle interrogea d'autres femmes et leur dit : « Qui est-ce qui pourrait me procurer le moyen d'avoir encore un fils?

— Je me charge de vous contenter, lui dit une vieille femme; il faut sacrifier aux dieux.

— Que faut-il sacrifier? demanda la jeune femme.

—Tuez votre fils, lui répondit la vieille; prenez son sang et sacrifiez-le aux dieux. Vous êtes sûre d'avoir beaucoup de fils. »

La jeune femme suivit ce conseil et se disposa à tuer son fils. Heureusement qu'un homme sage, qui se trouvait près d'elle, l'accabla de railleries et d'invectives. « Il faut, lui dit-il, que vous soyez stupide et privée de sens! Comment pouvez-vous mettre à mort le fils que vous possédez actuellement, pour en obtenir un qui n'est pas encore au monde et dont la naissance n'est rien moins que certaine? »

<small>(Extrait de l'ouvrage intitulé : le Livre des cent comparaisons, partie I.)</small>

LE CHIEN ET L'OS.

(De ceux qui se laissent aveugler par la convoitise.)

Un chien, tourmenté par la faim, courait tout effaré, lorsqu'il rencontra un os qui, depuis longtemps, n'avait plus ni viande ni graisse. Seulement, comme il lui voyait une couleur rouge, il se dit qu'il devait avoir un goût excellent, sauta dessus et le prit entre ses dents. Il arriva dans un carrefour où il y avait beaucoup de monde, et, comme il avait grand appétit, l'eau lui en venait à la gueule et découlait sur l'os. S'imaginant follement que c'était un morceau délicieux, tantôt il le mordait ou léchait, tantôt il le rongeait ou aboyait. Plein de joie et d'ivresse, il l'embrassait avec ses pattes, le pressait avec une sorte de tendresse et ne pouvait s'en détacher. En ce moment, vinrent à passer par là des *Kchattriyas*, des Brâhmanes et des maîtres de maison, qui tous étaient riches et honorés. Le chien affamé les voyant venir de loin, en conçut une vive indignation. « Ces hommes qui viennent, se dit-il, ne vont-ils pas m'arracher cette pitance délicieuse qui fait mon bonheur ! »

Il entra alors en fureur contre eux, fit entendre d'affreux aboiements et les regarda avec des yeux enflammés, leur montra des dents menaçantes et s'élança sur eux pour les dévorer.

(Extrait de l'ouvrage intitulé : *Fa-youen-tchou-lin*, livre CX.)

LI

LE CRÉANCIER ET SON DÉBITEUR.

(De ceux qui sont aveuglés par la cupidité.)

Il y avait un marchand qui avait prêté à un autre homme un demi-*Souvarn'a*. Un temps fort long s'étant écoulé sans que le débiteur le remboursât, il alla le trouver. Mais comme il y avait un grand fleuve devant la maison de ce dernier, il paya deux *Souvarn'as* pour passer à l'autre rive. N'ayant point trouvé son débiteur, il repassa le fleuve et il lui en coûta encore deux *Souvarn'as*. De cette façon, pour recouvrer un demi-*Souvarn'a*, il en dépensa quatre, et de plus il eut à subir les fatigues d'un long voyage. Ayant perdu beaucoup à l'occasion d'une petite dette, il devint la risée du public.

Les hommes du siècle ressemblent à ce créancier. Pour acquérir un peu de profit, ils détruisent leurs grands mérites, et, pour se procurer de vaines jouissances, ils ne tiennent aucun compte de la justice et des rites. Dans cette vie, ils se couvrent de déshonneur, et après la mort, ils subissent un châtiment cruel.

(Extrait de l'ouvrage intitulé : le Livre des cent comparaisons, partie I.)

LII

LE CHEF DES MARCHANDS
ET LE SERPENT VENIMEUX.

(De ceux qui se laissent aveugler par la cupidité.)

Un jour, un incendie éclata dans une ville. Parmi les habitants, se trouvait un homme extrêmement riche, qui était un chef de marchands. Quand il vit sa maison en flammes, poussé par le désir de sauver ses richesses, il oublia le soin de sa vie, et, s'étant jeté impétueusement au milieu du feu, il parvint jusqu'à la caisse qui renfermait son trésor; mais, à côté, il y avait une boîte où était un serpent. Dans ce moment, le chef des marchands craignit que la fumée, qui s'échappait du foyer ardent, ne blessât ses yeux; son esprit se troubla, et, faute d'attention, il prit par erreur la boîte du serpent, l'emporta et s'enfuit. Mais des voleurs le poursuivirent avec acharnement. Les voyant près de l'atteindre, il dit en lui-même : « Il faut que j'ouvre la caisse pour y prendre ce qu'il y a de plus important et le cacher dans mon sein. J'abandonnerai tout le reste, et je trouverai mon salut dans la fuite. »

Il ouvrit donc la boîte et y vit un serpent venimeux. Il reconnut qu'il n'y avait point d'objet précieux et qu'elle ne contenait qu'un serpent de la pire espèce.

(Extrait de l'ouvrage intitulé : *Sieou-khing-tao-ti-king.*)

LIII

L'HOMME EXPOSÉ A TOUTES SORTES
DE DANGERS [1].

(De ceux qui se laissent aveugler par la convoitise.)

Il y avait une fois un homme qui avait eu le malheur d'être condamné à mort. On l'avait chargé de chaînes et jeté en prison. Surexcité par la crainte du dernier sup-

---

1. Nous avons déjà traduit un conte du même genre. Celui-ci est placé dans la section qui regarde les personnes qu'aveugle la convoitise ; mais l'homme dont il s'agit est poussé de péril en péril par *l'amour de la vie.*

plice, il brisa ses fers et s'enfuit. D'après les lois du royaume, si un homme condamné à mort s'échappait de la prison, on lançait après lui un éléphant furieux pour qu'il l'écrasât sous ses pieds. Sur ces entrefaites, on lança un éléphant furieux à la poursuite du condamné. Celui-ci voyant l'éléphant approcher, courut pour entrer dans un puits qui était à sec ; mais, au fond, il y avait un dragon venimeux, dont la gueule béante était tournée vers l'orifice du puits ; de plus quatre serpents venimeux se tenaient aux quatre coins du puits. A côté, il y avait une racine de plante. Le condamné, dont le cœur était troublé par la crainte, saisit promptement cette racine de plante [1],

1. Il voulait évidemment se servir de cette racine pour se laisser glisser dans le puits.

mais deux rats blancs étaient occupés à la ronger. Dans ce moment critique, il vit au-dessus du puits un grand arbre, au centre duquel il y avait un rayon de miel. Dans l'espace d'un jour, une goutte de miel tomba dans la bouche de ce malheureux. Le condamné ayant obtenu cette goutte délicieuse, ne songea plus qu'au miel; il oublia les affreux dangers qui le menaçaient de toutes parts, et il n'eut plus envie de sortir de son puits.

Le saint homme (le *Bouddha*), puisa dans cet événement diverses comparaisons. La prison figure les trois mondes; le prisonnier, la multitude des hommes; l'éléphant furieux, la mort; le puits, la demeure des mortels; le dragon venimeux qui était au fond du puits, figure l'enfer; les quatre serpents venimeux, les quatre grandes choses [1]; la racine de la plante, la racine de la vie de l'homme; les rats blancs, le soleil et la lune qui dévorent par degrés la vie de l'homme, qui la minent et la diminuent chaque jour sans s'arrêter un seul instant. La foule des hommes s'attache avidement aux joies du siècle, et ne songe point aux grands malheurs qui en sont la suite. C'est pourquoi les religieux doivent avoir sans cesse la mort devant les yeux, afin d'échapper à une multitude de souffrances.

(Extrait de l'ouvrage intitulé : *Tchong-king-siouen-tsi-pi-yu-king*, ou Choix de comparaisons tirées des livres sacrés.)

1. La terre, l'eau, le feu et le vent (Dictionn. *San-thsang-fa-sou*, livre XIX, fol. 6.)

LIV

**LES SINGES
ET LA MONTAGNE D'ÉCUME.**

(De ceux qui sont aveuglés par la cupidité.)

Il y avait jadis deux rois des singes qui commandaient chacun à cinq cents singes. L'un d'eux conçut des sentiments d'envie contre son rival et voulut le tuer. Il dressa secrètement ses plans et alla lutter contre lui. Ayant échoué dans plusieurs rencontres, il fut honteux de sa défaite et se retira au loin. Il arriva au bord d'une grande mer, et aperçut dans un golfe une masse d'écume que le vent avait accumulée, et qui s'élevait à plusieurs milliers de pieds. Le roi des singes, qui avait l'esprit borné, s'imagina que c'était une montagne neigeuse (*Himavat*). Il dit à ses compagnons : « J'ai appris depuis longtemps qu'au milieu de la mer, il y avait une montagne neigeuse qui offrait un séjour délicieux, et où l'on pouvait manger à cœur-joie les fruits les plus exquis. La voilà qui apparaît aujourd'hui. Il faut que j'y aille le premier pour m'assurer du fait. Si j'y trouve en effet le bonheur, je n'en pourrai revenir; si, au contraire, mon espérance est déçue, je ne manquerai pas de venir vous l'apprendre. »

Là-dessus, il grimpe sur un arbre, et, sautant de toutes ses forces, il tombe au beau milieu du monceau d'écume et se noie au fond de la mer. Ses compagnons, étonnés de ne point le voir revenir, s'imaginent qu'il est sûrement retenu par l'attrait du bonheur. Ils s'élancent l'un après l'autre au milieu de l'écume; toute la troupe se noie et y trouve la mort.

(Extrait de l'ouvrage intitulé : *Wou-ming-lo-thsa-king*, c'est-à-dire du livre du *Rakchas* dépourvu de lumières.)

LV

LE BOUVIER ET SES DEUX CENTS BOEUFS.

(De ceux qui éprouvent des pertes par leur sottise.)

Il y avait jadis un homme qui possédait deux cents bœufs. Chaque jour, il les conduisait au bord de l'eau ou dans de gras pâturages, et les nourrissait suivant la saison. Un tigre ayant dévoré un de ses bœufs, le bouvier dit en lui-même : « J'ai déjà perdu un de mes bœufs et mon nombre n'est plus complet. Que ferai-je maintenant des autres? » Il les conduisit alors jusqu'à un abîme profond, les y précipita du haut d'un rocher et les fit tous périr.

Les hommes vulgaires et stupides ressemblent à ce bouvier. Lorsqu'ils ont reçu au complet les préceptes du *Jou-laï* (du *Bouddha*), s'ils en violent un seul, ils n'éprouvent point un sentiment de honte et ne purifient point leur cœur par le repentir. Ils se disent alors : « Maintenant que j'ai violé un précepte, je ne les possède plus intacts. A quoi bon observer les autres? »

En conséquence, ils violent tous les préceptes et n'en respectent pas un seul.

(Extrait de l'ouvrage intitulé: *Pe-yu-king*, ou le Livre des cent comparaisons, partie II.)

LVI

L'ENFANT ET LA TORTUE.

(De ceux qui éprouvent des pertes par leur sottise.)

Il y avait jadis un petit garçon qui, en se promenant et s'amusant sur la terre ferme, trouva une grande tortue. Il voulut la tuer et ne savait comment s'y prendre. Il interrogea un homme et lui dit : « Comment pourrai-je tuer cette tortue?

— Vous n'avez qu'à la jeter dans l'eau, répondit-il, elle périra à l'instant même. »

L'enfant le crut sur parole et jeta la tortue dans l'eau ; mais celle-ci, une fois en possession de son élément, se sauva et disparut.

(Extrait de l'ouvrage intitulé : Pe-yu-king, ou Livre des cent comparaisons, livre II.)

LVII

LE SAUVAGE VÊTU DES HABITS DU ROI.

(De ceux qui ne connaissent pas la vraie nature
des choses.)

Il y avait un sauvage habitant des montagnes qui avait dérobé divers objets dans le trésor du roi, et s'était enfui. Le roi envoya de tous côtés à sa poursuite. On le prit et on l'interrogea : « Mes habits, dit-il, sont des objets qui me viennent de mon aïeul. » Or, les vêtements du roi n'étaient point de ceux que portait habituellement le sauvage des montagnes; il avait mis à ses pieds ce qui convenait aux mains, et sur sa tête ce qui allait à la ceinture. On peut tirer de là plusieurs similitudes : le roi figure le *Bouddha;* le trésor du roi représente la loi. Ce sauvage stupide ressemble aux hérétiques qui, après avoir écouté clandestinement la loi du *Bouddha,* la mettent dans leur loi et s'imaginent qu'elle leur appartient. Mais ils ne la comprennent point, c'est pourquoi, égarés par l'erreur, ils mettent la loi du *Bouddha* sens dessus dessous, et ne connaissent pas la vraie nature de la loi. Ils ressemblent à ce sauvage des montagnes, qui, s'étant emparé des précieux vêtements du roi, n'en connaissait ni la place ni l'usage et les mettait sens dessus dessous.

(Extrait de l'ouvrage intitulé : *Pe-yu-king*, ou Livre des cent comparaisons, partie I.)

LVIII

LE RICHI VICTIME DE SA VUE DIVINE.

(De ceux qui ne voient que la superficie
des choses.)

Il y avait un *Richi* qui s'était retiré sur une montagne pour tâcher d'acquérir l'intelligence (*Bôdhi*). Il avait obtenu les six facultés surnaturelles, et était doué d'une vue divine qui pénétrait partout. Il pouvait voir clairement toutes les choses précieuses que l'on avait cachées dans le sein de la terre. Quand le roi en eut été informé, il fut ravi de joie et dit à ses ministres : « Comment faire pour que cet homme reste constamment dans mon royaume et n'aille pas ailleurs, et que mon trésor s'enrichisse d'une multitude de choses précieuses ? »

Un des ministres, dont l'esprit était fort borné, alla sur-le-champ trouver ce *Richi*, et lui arracha les deux yeux, puis il les apporta au roi et lui dit : « Comme je lui ai arraché les yeux, il ne pourra plus s'en aller et restera constamment dans ce royaume. »

Le roi lui dit : « Si j'ai désiré vivement que ce *Richi* restât dans mon royaume, c'était parce qu'il pouvait voir tous les trésors cachés au fond de la terre. Maintenant que vous lui avez arraché les yeux, qu'ai-je encore besoin de le faire rester? »

(Extrait de l'ouvrage intitulé : *Pe-yu-king*, ou du Livre des cent comparaisons.)

LIX

L'HOMME AVEUGLÉ PAR LE DÉSIR DE LA VENGEANCE.

(De ceux qui s'oublient eux-mêmes.)

Il y avait un homme qui était irrité contre un autre ; il était accablé de tristesse et son cœur ne connaissait plus la joie. Quelqu'un lui dit : « D'où vient cette sombre tristesse ?

— Il y a un homme qui m'a calomnié, répondit-il, et je ne suis pas assez fort pour me venger. Je ne sais comment faire pour user de représailles ; voilà l'unique cause de ma douleur. »

Quelqu'un lui dit : « Ce n'est que par les paroles magiques appelées *Vidyâdhâran'i* que vous pourrez lui nuire. Seulement, si, par hasard, le malheur ne l'atteint pas, il retombera sur vous-même. »

A ces mots, il fut rempli de joie et s'écria : « Je désire uniquement que vous me donniez vos instructions. Quand même je devrais me nuire à moi-même, je veux jouir de l'espoir de le blesser à mort. »

(Extrait de l'ouvrage intitulé : Pe-yu-king, ou du Livre des cent comparaisons, partie II.)

LX

LE FILS DU MAÎTRE DE MAISON
QUI FAIT LE PILOTE.

(De ceux qui exagèrent leurs talents.)

Jadis, le fils d'un maître de maison s'embarqua avec une compagnie de marchands pour aller recueillir des pierres précieuses. Ce jeune homme avait étudié avec soin l'art de naviguer et de conduire un vaisseau. « Si l'on se met en mer, disait-il à ses compagnons, et qu'on arrive dans un remous ou près d'un écueil, il faut faire comme ceci, comme cela ; tantôt se servir du gouvernail, tantôt jeter l'ancre. Je connais complétement tous les secrets de la navigation. »

Après l'avoir entendu parler ainsi, tous ses associés eurent une foi profonde dans ses paroles. Ils arrivèrent bientôt au milieu de la mer ; mais, au bout de quelque temps, le pilote tomba subitement malade et mourut. Le fils du maître de maison prit sa place ; et quand le navire eut rencontré un violent remous et un impétueux rapide, il cria à haute voix aux matelots : « Faites ceci ! faites cela ! » Mais le navire tourna sans pouvoir avancer jusqu'à l'île des pierres précieuses (Ceylan) ; tous les marchands

furent engloutis dans les flots et y périrent.

(Extrait de l'ouvrage intitulé : *Pe-yu-king*, ou le Livre des cent comparaisons, partie II.)

LXI

LE PAUVRE
ET LES ROGNURES DE VILS MÉTAUX.

(De ceux qui se donnent de l'importance.)

Çâripouttra dit un jour au *Bouddha :* « Si un pauvre, mourant de faim et de froid, trouvait une pierre précieuse grosse comme le mont *Soumérou,* n'aurait-il pas un grand sujet de joie?

— Sans aucun doute, répondit le *Bouddha.*

— Je suis allé dans tel couvent, reprit *Çâripouttra*, et j'ai entendu exposer les principes profonds des *Avivarttins* [1]. Voilà pourquoi je ne me sens pas de joie.

— Vous avez raison, lui dit le *Bouddha*. Cependant je vous proposerai une similitude. Supposons un maître de maison, un grand *Grihapati*, qui fait consister son trésor dans la possession de l'or pur et des perles. Il balaye des rognures de cuivre, de fer, de plomb et d'étain, et les jette dehors au milieu des ordures. En ce moment, un homme, pauvre et dépourvu de tout, les recueille précieusement et les emporte en

---

[1]. Ceux qui ne doivent pas revenir, c'est-à-dire renaître dans le monde. Ce mot, qui est synonyme de *Anâgamins*, désigne ceux qui sont arrivés au troisième degré de la sanctification; le quatrième et le dernier est la dignité d'*Arhat*.

disant : « J'ai trouvé en abondance les « choses précieuses du *Grihapati!* »

— Sont-ce là, demanda le *Bouddha*, les choses précieuses du maître de maison ?

— Aucunement, répondit *Çâripouttra.*

— Eh bien ! reprit le *Bouddha*, ce que vous avez entendu de si magnifique ressemble à la trouvaille du pauvre ! »

(Extrait de l'ouvrage intitulé : *Khieou-tsa-pi-yu-king*, de l'ancien Livre des mélanges de similitudes.)

LXII

LE BRÂHMANE
QUI VEUT ÉCLAIRER LE MONDE.

(De ceux qui se vantent à l'excès.)

Il y avait un *Brâhmane* qui était doué d'une grande prudence et d'une rare pénétration. Il avait lu tous les livres et rien n'échappait à sa science. Il se vantait avec emphase et se croyait sans égal au monde. Il cherchait partout des docteurs qui voulussent lutter contre lui, mais personne n'osait lui répondre. Nuit et jour il marchait un flambeau à la main. Comme il traversait une fois le marché de la ville, quelqu'un l'interrogea et lui dit : « Pourquoi marchez-vous en tenant nuit et jour un flambeau à la main ?

— Dans le siècle, répondit le *Brahmâtchari*, tous les hommes sont stupides et enveloppés de ténèbres, ils ont des yeux et ne voient rien. Aussi, porté-je un flambeau pour les éclairer. »

A ces mots, le *Bouddha* prit la figure d'un sage qui était assis dans un magasin. Il appela le *Brâhmane* et lui demanda à quoi lui servait ce flambeau.

« Tous les hommes, répondit-il, sont plongés dans les ténèbres et ne voient goutte le jour comme la nuit. Si je porte ce flambeau, c'est uniquement pour les éclairer. »

Le sage l'interrogea de nouveau. « Dans les livres sacrés, lui dit-il, on trouve la loi des quatre connaissances [1]; la possédez-vous? »

Le *Brâhmane* fut couvert de honte, il jeta son flambeau et croisa les mains, comme pour témoigner de son impuissance. Le *Bouddha*, qui connaissait sa pensée, reprit son corps habituel et répandit un éclat resplendissant qui illumina le ciel et la terre. Puis, il dit : « Pour avoir eu quelques auditeurs, cet homme se grandit lui-même

---

1. 1° La connaissance du sens (*artha*); 2° la connaissance de la loi (*dharma*); 3° la connaissance des explications (*niroukti*); 4° la connaissance de l'intelligence (*pratibhâna*).

afin d'éblouir le peuple; voilà la cause de son aveuglement. Il porte un flambeau pour éclairer les autres, et ne sait pas s'éclairer lui-même! »

Après avoir prononcé ces *gâthâs*, il interrogea le Brâhmane et lui dit : « Si les hommes sont plongés dans les ténèbres, nul ne l'est plus que vous; et cependant vous entrez dans les grands royaumes en tenant pendant le jour un flambeau allumé. Toute la science dont vous vous faites gloire n'a pas l'étendue d'un atome! »

(Extrait de l'ouvrage intitulé : *Fa-kiu-pi-yu-king*, ou Livre des comparaisons tirées des livres sacrés.)

LXIII

LE CHACAL QUI VEUT IMITER LE LION.

(Il ne faut pas forcer nature.)

Il y avait un lion, roi des animaux, qui habitait au milieu d'une profonde forêt. Tous les matins, il sortait de sa caverne. En ce moment, il regardait de tous côtés, poussant trois rugissements terribles, et ensuite se promenait majestueusement pour choisir sa proie et la manger. Ce lion, roi des animaux, ayant achevé son repas, s'en retournait dans la forêt. En tout temps il y avait un chacal qui suivait le lion et mangeait les restes de ses proies. Un jour qu'il s'était bien repu et se sentait plein de force, il se dit en lui-même : « Ce lion qui vit dans la forêt, quel animal est-ce enfin? Pourrait-il l'emporter sur moi? Dès aujourd'hui je veux prendre tout seul possession d'une forêt. Le matin, je sortirai de ma caverne, je regarderai de tous côtés et pousserai trois rugissements terribles ; ensuite, je me promènerai majestueusement pour choisir ma proie et la manger. »

En conséquence, il se retira tout seul dans une forêt, sortit un matin et essaya de pousser trois rugissements terribles. Ensuite, il se mit à marcher gravement. Mais quand il voulut imiter le rugissement du lion, il ne fit entendre que le glapissement du chacal.

(Extrait de l'ouvrage intitulé *Tchang-'o-han-king*, en sanscrit : *Dîrghâgama soûtra*, livre XI.)

LXIV

LE JEUNE BRÂHMANE
QUI S'EST SALI LE DOIGT.

(De ceux qui ne savent pas persister dans leur résolution.)

Le fils d'un Brâhmane ayant fait ses ablutions, était enchanté lui-même de sa propreté; mais étant allé derrière sa maison, il se salit subitement un doigt. Il se rendit auprès d'un forgeron, lui montra son doigt sale et le pria de le lui brûler. Le forgeron lui adressa des représentations et lui dit : « Ne donnez pas suite à cette idée ; il y a d'autres moyens de nettoyer votre doigt. Frottez-le avec de la cendre et lavez-le avec de l'eau pure. Si j'allais vous le brûler, vous ne pourriez supporter la cruelle ardeur du feu, et votre corps serait bien plus péniblement affecté qu'auparavant. »

En entendant ces paroles, le fils du Brâhmane entra en colère et injuria le forgeron. « Gardez-vous, lui dit-il, de mesurer les sentiments des autres d'après les vôtres, et dire qu'un homme ne supporterait pas cette douleur, parce que vous-même ne vous en sentez pas le courage. »

A ces mots, le forgeron fit rougir une paire de tenailles et lui saisit le doigt. Le jeune homme sentant la douleur de la brûlure, ne put la supporter ; il retira son doigt et le mit dans sa bouche. Le forgeron éclata de rire. « Jeune homme, lui dit-il, comment mettez-vous votre doigt sale dans votre bouche?

— Lorsque je n'avais pas encore senti la douleur, répondit-il, je remarquais que mon doigt n'était pas propre; mais depuis que j'ai éprouvé la cruelle ardeur du feu, j'ai oublié la saleté de mon doigt. »

(Extrait de l'ouvrage intitulé : *Sieou-king-tao-ti-king* section *Hio-ti*)

LXV

L'AVEUGLE ET LA COULEUR DU LAIT.

(Des hommes stupides.)

Il y avait un aveugle de naissance, qui, naturellement, ne connaissait pas la couleur du lait. Il demanda à un autre homme : « A quoi ressemble la couleur du lait?

— La couleur du lait, dit celui-ci, est blanche comme une *cauris* (sorte de coquille).

— Cette couleur du lait, demanda l'aveugle, a-t-elle le son d'une *cauris* ?

— Pas du tout, répondit l'autre.

— A quoi une *cauris* ressemble-t-elle?

— A du riz.

— La couleur du lait est-elle tendre et molle comme le riz? De plus, à quoi ressemble le riz?

— A la neige.

— Ce riz est-il froid comme la neige? De plus, à quoi ressemble la neige?

— La neige est blanche comme une cigogne. »

Quoique cet aveugle de naissance eût entendu ces comparaisons, il ne put jamais savoir quelle était la vraie couleur du lait.

(Extrait de l'ouvrage intitulé: *Youen-yang-miao-king*, partie II.)

LXVI

L'HOMME ET LA MOITIÉ DE GATEAU.

(Des hommes stupides.)

Il y avait un homme qui, se sentant pressé par la faim, voulut manger sept petits gâteaux. Quand il en eut mangé six et demi, sa faim se trouva apaisée. Il éprouva alors un sentiment de colère et de regret. Il se frappa lui-même avec son poing et se dit : « Si je suis maintenant rassasié, je le dois à cette moitié de gâteau, de sorte que j'ai mangé en pure perte les six gâteaux précédents. Puisque une moitié de gâteau pouvait apaiser ma faim, j'aurais dû commencer par la manger. »

(Extrait de l'ouvrage intitulé : *Pe-yu-king*, le Livre des cent comparaisons, partie I.)

LXVII

L'HOMME STUPIDE ET LES GRAINS RÔTIS.

(Des hommes stupides.)

Il y avait jadis un homme stupide qui s'avisa de manger des graines de sésame toutes crues et les trouva mauvaises. En ayant mangé ensuite après les avoir rôties, il les trouva excellentes. Il se dit alors en lui-même : « A l'avenir, je n'ai rien de mieux à faire que de les semer après les avoir rôties ; je suis sûr d'en obtenir d'un goût exquis. »

Il fit en effet rôtir des graines de sésame et les sema, mais elles ne purent jamais germer.

(Extrait du Livre des cent comparaisons, *Pe-yu-king*, partie I.)

LXVIII

L'HOMME QUI A TROUVÉ UN REMÈDE POUR LES PLAIES.

(Des hommes stupides.)

Il y avait jadis un homme que le roi avait fait fouetter. Après qu'il eut été fouetté, il appliqua sur ses blessures de la fiente de cheval pour qu'elles guérissent promptement. Ce qu'ayant vu un homme stupide, il fut transporté de joie et se dit : « Je suis ravi d'avoir trouvé un remède pour guérir les plaies. »

Il revint promptement chez lui et dit à son fils : « Fouettez-moi le dos comme il faut ; j'ai trouvé un remède admirable dont je veux faire l'essai sur moi-même. »

Le fils lui administra sur le dos de vigoureux coups de fouet, puis il étendit de la fiente de cheval sur les blessures de son père qui était heureux d'avoir trouvé un remède d'une efficacité merveilleuse.

(Extrait de l'ouvrage intitulé : Livre des cent comparaisons, *Pé-yu-king*, partie I.)

LXIX

L'HOMME QUI A PERDU UNE ÉCUELLE D'ARGENT.

(Des hommes stupides.)

Un homme s'était embarqué sur un navire. Comme il traversait la mer, il laissa tomber dans l'eau une écuelle d'argent. Il se dit en lui-même : « Je vais aujourd'hui tirer une ligne sur l'eau pour y faire une marque. Je laisserai mon écuelle et m'en irai. Plus tard, je viendrai la reprendre. »

Après deux mois de navigation, il arriva

au royaume de *Sinhala* (Ceylan). Ayant vu un fleuve, il entra au milieu et se mit à chercher l'écuelle qu'il avait perdue. Quelques personnes lui demandèrent ce qu'il faisait : « Précédemment, répondit-il, j'ai perdu une écuelle d'argent. Aujourd'hui, je veux la chercher et la reprendre.

— En quel endroit l'avez-vous perdue? lui demandèrent-ils.

— Je l'ai perdue lorsque je commençais à naviguer.

— Depuis quand l'avez-vous perdue?

— Depuis deux mois.

— Si vous l'avez perdue depuis deux mois, pourquoi la chercher ici?

— Au moment où je l'ai perdue, j'ai tracé une ligne sur l'eau pour y faire une marque; et comme l'eau sur laquelle j'ai tracé cette ligne n'était pas différente de celle-ci, voilà pourquoi je la cherche en cet endroit. »

C'est ainsi qu'agissent les hérétiques. Ils ne tiennent point une conduite régulière et se contentent de l'apparence de la vertu; de plus, ils ont recours à des moyens violents et à des austérités pénibles pour obtenir la délivrance finale. Ils ressemblent à cet homme stupide qui avait perdu une écuelle dans un endroit et la cherchait dans un autre.

(Extrait de l'ouvrage intitulé : le Livre des cent comparaisons, Pe-yu-king, partie I.)

LXX

L'HOMME QUI AVAIT BESOIN DE FEU ET D'EAU FROIDE.

(De ceux qui perdent deux choses à la fois.)

Il y avait autrefois un homme qui, pour faire quelque chose, avait besoin de feu et ensuite d'eau froide. Il couvrit d'abord son feu, puis il mit de l'eau dans une cuvette de métal qu'il plaça par-dessus. Lorsqu'ensuite il voulut prendre du feu, il le trouva entièrement éteint, et lorsqu'il eut besoin d'eau froide, il la trouva chaude; de sorte qu'il fut privé à la fois de feu et d'eau froide.

Les hommes du siècle agissent exactement de même. Lorsqu'ils sont une fois entrés dans la loi du *Bouddha*, ils sortent de la famille (embrassent la vie religieuse), et cherchent l'intelligence (*Bôdhi*)[1]. Mais, à peine sont-ils sortis de la famille, qu'ils pensent encore à leur femme, à leurs enfants, aux affaires du monde et aux joies des cinq désirs. De sorte qu'ils perdent à la fois le *feu* brillant des ac-

---

1. Ils se livrent à des exercices de piété et à des mortifications qui ont pour objet de les faire arriver peu à peu à l'intelligence, c'est-à-dire à l'état de Bouddha (*Bouddhatvam*).

tions méritoires, et l'*eau* froide de la discipline.

(Extrait de l'ouvrage intitulé: Livre des cent comparaisons, *Pe-yu-king*, partie I.)

LXXI

LE MARCHAND D'OR ET LE MARCHAND DE SOIE BROCHÉE.

(De ceux qui perdent deux choses à la fois.)

Il y avait jadis deux marchands qui se livraient ensemble au négoce. L'un vendait de l'or pur et l'autre de la soie brochée. Un homme ayant acheté au premier un morceau d'or pur, le fit chauffer au rouge pour l'essayer. Le second marchand lui déroba son or encore brûlant et l'enveloppa dans une pièce de soie brochée. Mais comme l'or était encore très-chaud, il brûla complétement la pièce de soie. Cette affaire ayant été découverte, il perdit à la fois sa pièce d'étoffe et l'or qu'il avait volé.

(Extrait de l'ouvrage intitulé : Livre des cent comparaisons, *Pe-yu-king*, partie I.)

FIN DU PREMIER VOLUME.

PARIS. — IMPRIMERIE DE CH. LAHURE ET Cie.
rues de Fleurus, 9, et de l'Ouest, 21.

www.ingramcontent.com/pod-product-compliance
Lightning Source LLC
Chambersburg PA
CBHW062233180426
43200CB00035B/1719